PLAYING TO THE GALLERY

哗众取宠

◇

一本书
帮你读懂当代艺术

Grayson Perry

[英] 格雷森 · 佩里

祝小兔 译

HELPING CONTEMPORARY ART
IN ITS STRUGGLE TO BE UNDERSTOOD

CS | 湖南美术出版社

目　录

为旅行团准备的现代主义观光，请按“1”；为喜欢侃侃而谈的中产阶级准备的进阶挑战，请按“2”；为面向青少年准备的政治宣传类艺术作品，请按“3”；为企业活动准备的精彩表演，请按“4”

多少？！

BBC 第四频道有部播了 60 多年的关于英国中产阶级的广播肥皂剧《阿彻一家》（*The Archers*），这部剧本身并不是先锋文化的代表，但我却从中发现一点：当代艺术已经成了现在的主流。

这一转折点就在剧中，自诩为安布里奇[1]文化大使（如果你也乐意承认的话）的琳达·斯内尔[2]试图从安布里奇选出一个人，送他登上伦敦特拉法尔加广场（Trafalgar Square）的第四基柱[3]。当时雕塑家安东尼·戈姆利[4]正在那儿做他的“一个和其他”项

1 安布里奇（Ambridge），《阿彻一家》剧中地名。（此处为译注，若无其他说明，以下皆为译注。）

2 琳达·斯内尔（Lynda Snell），《阿彻一家》剧中人物，职业是酒店前台。

3 第四基柱（Fourth Plinth），位于伦敦特拉法尔加广场，自 1841 年建成之日起便因经费不足，未放置任何雕塑，闲置多年。直到 2003 年时任伦敦市长的肯·利文斯通提议在基柱上轮换展示艺术家的新作品，它就此成为当代艺术大家的试验场。

4 安东尼·戈姆利（Antony Gormley，1950—），生于伦敦，是当代著名的雕塑艺术家。

目[1]。我想，如果琳达·斯内尔是当代艺术的粉丝，那么这场游戏是赢是输，取决于你如何看待它。如果一件参与性的行为艺术可以在一个非常受欢迎而保守的广播剧中扮演重要角色的话，也就意味着当代艺术不再是小圈子里的事儿了。它现在是主流文化生活的一部分。

我们很容易对艺术及欣赏艺术没有安全感，就好像如果没有足够的学术和历史知识，就不能欣赏某些艺术品似的。但我想要带给你的信息是：任何人都可以欣赏艺术，任何人都可以在艺术中生活。甚至是我！即使是我，一个来自埃塞克斯[2]的异装癖陶艺家，也已经被艺术这个“黑手党”征服。

我想提出一些当我们进入艺术画廊时可能会遇到的基本问题，也想回答这些问题。有些人可能会认为提出这些问题很尴尬，但我不！他们可能认为这些问题不专业，或者认为这些问题都有人回答过了，又或者认为这些问题的答案都是众所周知的，但我不这么认为。艺术世界需要人们不断对其发问，而思考这些问题将有助于人们对艺术的欣赏和理解。我坚信，任何人都有资格欣赏艺术或成为一个艺术家，包括任何所谓的“乡巴佬”或“穷人”，也包括任何一个有自己的看法并且乐于分享的人。在这里，没有任何社会标准，你也不必非要属于哪个社会阶层不可。通过实践、

---

1 “一个和其他”（One and Other）项目，指每天每隔一小时就有一位普通公民出现在“第四基座”上当雕像。

2 埃塞克斯（Essex），英国英格兰东部的一个郡。

艺术家　非艺术家　异装癖陶艺家

鼓励、树立信心，你就可以生活在艺术里。这本书提供了过上这种生活所需要的基础知识。当然，这并不意味着一切都像购物那样简单，那么快捷、方便。

很少有人为了赚钱进入艺术界，大多数人是因为兴趣驱动而从事艺术工作，或是因为他们热爱观赏艺术，或是因为他们喜欢围绕在艺术家身边。这意味着，他们往往是充满激情和好奇心的人，是敏感的人。多么可爱而有趣的人啊！艺术提供了美好的生活。来吧！尽管艺术并不容易，不总是充斥着财富、名人和免费的酒水，它需要付出很多工作时间和心血，但它是值得畅游、饱含奖励、令人兴奋的领域。20 多年来，更多的公众开始意识到这一点。以泰特现代美术馆（Tate Modern Museum）为例，它在英国最受欢迎旅游目的地中占据第一或者第二名，同时也是世界最受欢迎博物馆的第四名，每年接纳约 530 万名访客。无论是在里约热内卢的巴西银行文化中心（Centro Cultural Banco do Brasil）、马德里的索菲亚王后艺术博物馆（Museo Nacional Centro de Arte Reina Sofía），还是在布里斯班的昆士兰现代美术馆（Queensland Gallery of Modern Art），全球的定期当代艺术展都吸引了来自世界各地成千上万的艺术爱好者。艺术如此受欢迎，但是我们许多人在美术馆里仍然会缺乏安全感。我发现商业美术馆尤其装腔作势。时髦得吓人的画廊女孩站在前台，美术馆地处昂贵的地段，地面是抛光的水泥，然后一群虔诚的人闯进来，围绕在“神秘的物质”旁边，更不用说阐述艺术的语言了，通常是晦涩难懂，卖弄辞藻。

当一个人第一次走进当代美术馆就期望马上理解艺术时，可能会对作品感到困惑甚至愤怒，就像我去听一场古典音乐会的演奏现场，但我并不了解古典音乐，便说“哦，这就是噪声”。但使用一些正确的工具后，我们发现自己能够理解或者欣赏它。想要达到理解艺术的层次是十分困难的，因为你虽然可以在智力层面快速接纳事物，但在情感和精神上的融入需要相当长的时间。你必须活在艺术里。所以记住这一点。

作为一个每天面对着一张白纸或一堆黏土思考“我要做什么”的职业艺术家，我希望我解决当代艺术相关问题的方法能与艺术评论家们有所不同。我工作在文化这一大型采矿场的第一线，不过，由于现今我们生活在一个以服务经济为主导的时代，所以或许我更应该说，我在文化的客服中心工作。

作为一个从业者，也许不见得是更广泛意义上的专家，我想用自传的形式来剖析艺术（这种形式经常被学者们视为一种罪过）。我将从我的个人经历中推断出对艺术世界更为广泛的概括。借此，我希望任何与现代艺术、当代艺术相遇的人，以及在工作室里日臻成熟的艺术家同行们都能从中受益。

那么，我所说的“艺术世界”究竟是什么呢？当我谈及“艺术世界”时，我指的是围绕在西方艺术模式周围的文化，或是那些与美学相关甚至缺乏美学的工艺品。我实际上想谈论的是视觉艺术，但随后我们会发现，并不是所有的艺术都与视觉相关。我

一些创意行业
（左）反主流文化制造业
（右上）企业精神
（右下）全球化意见分歧股份有限公司

关注的是那些，你通常会在诸如泰特现代美术馆这样的美术馆或是伦敦和其他发达地区的商业画廊里遇到的东西。你会发现它们越来越多地出现在收藏者的家中或大街上、医院里、交叉路口、活动现场，甚至网络中。我也会谈谈更广泛的艺术世界与相关的仪式和人，这些往往可以在展览开幕式，诸如伦敦的弗瑞兹艺博会或巴塞尔艺术展和有着百年历史的威尼斯双年展这样的展览中体验到。

无论是出于有意还是偶然，越来越多的市民踏入了这种充满神秘和搞怪色彩的亚文化当中，也就是我所说的艺术世界。作为立身其中 35 年的艺术分子，我想尽可能地解释这其中的艺术价值和案例，正是它们汇集成了我的钟爱之物。

这些都是我称这本书为“哗众取宠”而不是“拍学术精英马屁”的原因。

（由左至右）高古轩画廊　星巴克　现代艺术博物馆　泰特美术馆　古根海姆博物馆　白立方画廊　豪瑟沃斯画廊

“这个片区过去多时尚啊！”

大众都有坏品位

什么是品质？我们如何判断它？谁的意见可以作为参考？

这些意见现在还是那么重要吗？

纵观历史，由于艺术世界自身的封闭性，它对外界并不关心。实际上，我觉得艺术世界与大众的关系十分紧张。艺术家、美术馆、评论家、商人与收藏家所形成的圈子确实并不曾那么需要来自公众的好意见。而现在情况有所不同，大众也有可能影响艺术史的进程。美术馆仍是艺术世界的发电站，但通常依靠向参观者收取门票来维持公共运转。逐渐地，能够吸引更多参观者的艺术家的作品在艺术神殿里获得了更好的位置。

当然，还是有很多非常成功且不需要公众基础的艺术家的。对他们来说，这个由艺术家、商人和收藏家组成的封闭圈子已经完成了所有工作。他其实并不那么需要得到更广泛受众的认可。事实是，若无需公众花钱买账或是满足他的自尊心，艺术家也不需要公众认可他的作品。这就引出了关于品质的问题，这是与艺术有关的重要问题之一：我们如何辨别一件艺术作品的好坏？今天我们判断艺术的标准有哪些？最重要的是，谁能决定一件艺术作品是否可以被评价为“好作品”？

我很遗憾地说，以上问题还没有一个明确的答案。在任何工作领域，我们通常认为拥有强烈、明确甚至标新立异的意见是很重要的。但是，许多判断方法都存在问题，许多用来评估艺术的标准也相互冲突。这里的标准包括商业价值、受欢迎程度、在艺术史上的重要性或美学丰富性。所有这些都有可能彼此矛盾。

回顾当初，我真正开始思考艺术品质这一命题是在读艺术学院二年级的时候。在 1980 年那个时候，涉足行为艺术是艺术家的入门门槛。作为现场表演，行为艺术通常由艺术家本人完成。你必须做哪怕一点点行为艺术，以满足入门的条件。

就此，我做了一场分为三步的行为艺术。第一步，我为观众提供了一个把我当成披着权威授带的大师加以崇拜的机会。第二步，我举办了讲座，讽刺了学院里那些做作的知识分子，并且嘲讽“art（艺术）”只不过是“rat（硕鼠）”一词的重新排列组合。第三步，我公布了前几周我举办的学院里最好的艺术家和讲师的竞选结果。我策划了这场竞选，在校园里放了一个小投票箱，这完全是一个民主的过程，当然也非常搞笑，因为大家知道是我在组织这个竞选，他们很给面子地把我选成了最好的艺术家。因此我赢得了自己制作的大奖奖品，是一个狂欢节风格的纸制头部模

我不敢相信这不是艺术

型。这是我光辉的职业生涯中获得的第一个奖。

我从这场行为艺术中学到了两件事：一个是对观众参与其中的期望要很低，另一个是判断艺术品质是非常棘手的事情。有位讲师后来对我说："这的确很有趣，但我不确定这是好的艺术。"

即便那时我已经意识到判断品质是十分复杂的事，受欢迎不代表品质好，我还是组织了校园竞选这个恶作剧。事实上，在艺术世界中，人们的意见几乎是相互矛盾的。

我可以拿英国最受欢迎、并在2012年世界最受欢迎艺术展中排名第五的一次展览作为例子：皇家艺术学院举办的大卫·霍克尼[1]展。在这场被命名为"更大的图景"（A Bigger Picture）的展览里，展出了巨大的且令人愉悦的风景画。这是一场收费的展览，人们需要付费才能观赏。不久之后，我认识了一位当代艺术画廊高级主管（我必须申明，这是一家免费参观、公共资助的机构），她说霍克尼的这个展览是她见过的最糟糕的展览之一。我不认为只有她一个人这么想。竟然有这样一个如此受大众欢迎的展览，却对不上引领大众艺术品位的艺术精英的胃口。正因如此，对那些希望扩张自己在大众中良好艺术口碑的人来说，大众的品位往往是他们的痛苦之源。这其中可谓暗藏玄机。

在20世纪90年代中期，有两个非常顽皮又有趣的俄罗斯艺

1 大卫·霍克尼（David Hockney，1937— ），英国当代著名画家、版画家、舞台设计师及摄影师，毕业于皇家艺术学院。

术家科马尔与梅拉米德[1]。他们非常彻底地重视和接受大众的关注，通过问卷调查的方式征求各国民众的意见，以了解人们在艺术中最想获得什么，他们根据专业调查员分析的结果作画。结果相当令人震惊，几乎每个国家的结果都惊人的一致，所有人真正想要的都是一幅含有几个人物的风景画。画面中要有动物，画作以蓝色为基调。这真是相当令人沮丧。实验后，他们说："我们本想寻找自由，却发现了奴隶制。"

最近泰特英国美术馆的 L.S. 洛瑞[2]展可算作对喧嚣大众的投降。洛瑞长期以来一直被（可能是）错误地认为是一个与精英艺术品位对抗的大众艺术典范，有很多人抱怨他的作品很少展出。这次泰特请来了德高望重的艺术评论家 T.J. 克拉克（T.J.Clark）和安妮·瓦格纳（Anne Wagner）来策展，以增加洛瑞的作品在人气之外的学术含金量。这是否能将洛瑞重复产出作品的信用度提升到罗斯科[3]的高度，仍然有待观察。

*

当参观者在展览上评价艺术时，比如霍克尼展览的参观者，

---

1 维塔利·科马尔（Vitaly Komar，1943— ）与亚历山大·梅拉米德（Alexander Melamid，1945— ）都是生在莫斯科的艺术家，都经历过苏联历史上的重大变化。

2 L.S. 洛瑞（L.S.Lowry，1887—1976），20 世纪英国最重要和知名的现代艺术家之一。

3 马克·罗斯科（Mark Rothko，1903—1970），美籍英国画家，抽象表现主义代表人物。

可能会使用一些诸如“美”这样的词汇。可现如今，假如你要在艺术圈里使用这种词，可要小心了。很可能有人会咂巴着嘴悲哀地摇头，因为他们的英雄艺术家马塞尔·杜尚[1]（以他的小便池闻名遐迩）说过“审美愉悦是一种应该避免的危险”。如今判断一件作品的美学价值的标准，已经掺杂了一些保守的、不可信的等级观念，还受性别歧视、种族主义、殖民主义、阶级特权等影响。美学理念如此复杂，那么我们对“美”的观点从何而来？

普鲁斯特[2]说：“只有透过华丽的金色画框，我们才能看到美。”他的意思是，我们对“美”的想法完全是有条件的：我们定义美的时候并不是追求美的内在，而只是习惯于通过曝光与强调来作出判断。美更大程度上是一种熟悉度，是对我们已有观念的强化。它是一个构建在层层变幻之上的东西。我们可以通过对朋友刻意大声说出“哇，这很美！”而使一些东西变得更美，或当我们去度假时，真正想做的是拍出我们在宣传册上看到的美景。你希望独自沐浴在马丘比丘（Machu Picchu）的完美阳光下。家庭、朋友、教育、国籍、种族、宗教和政治——所有这些都影响着我们对美的观念的形成。

1 马塞尔·杜尚（Marcel Duchamp，1887—1968），法国艺术家，20世纪实验艺术的先锋，对于第二次世界大战前的西方艺术有着重要的影响，是达达主义及超现实主义的代表人物和创始人之一。

2 马塞尔·普鲁斯特（Marcl Proust，1871—1922），20世纪最伟大的小说家之一，意识流文学的先驱与大师，最著名的作品是长篇巨著《追忆似水年华》。

我们可能会对评论家克莱门特·格林伯格[1]的话有同感："你没办法像选择甜或酸一样选择是否喜欢一件艺术品。"但是，与我们舌头上的味蕾不同，我们的美学味蕾是可以培养出来的。

当我们谈论正在消费的文化时，总是离不开对"别人如何看待我们"的期望：我们的品位反映着我们的样貌。当我在与朋友分享自己的艺术品位，并意识到自己发出"哦，你一定得听听这个"的潜台词时，我总是有些畏缩。朋友因此被我迫使去听了，而我打心底里害怕遭到排斥。诋毁一件事物往往比宣扬它更有安全感。

担心别人对我们美学选择的看法，是一部分根植在现代主义基因中的自我意识。我这里说的现代主义，是指到20世纪70年代为止的100年间的艺术。这段时期里，艺术家们质疑自己究竟在做什么；他们并没有受制于传统和信仰，尽管自我意识对艺术家来说是致命的。还是个学生时，我喜欢维多利亚时代的叙事性绘画。从那时起，我不得不经历各种各样的曲折，以证明我的喜好的合理性。我的意思是，我喜欢威廉·鲍威尔·弗里思[2]和乔治·埃尔加·希克斯[3]的画，可为什么我喜欢他们？因为他们的作品中充斥着英国特色，有出色的工艺，讲述社会历史，还拥有好看的

---

1 克莱门特·格林伯格（Clement Greenberg，1909—1994），20世纪下半叶美国最重要的艺术批评家，也是该时期整个西方最重要的艺术批评家之一。

2 威廉·鲍威尔·弗里思（William Powell Frith，1819—1909），英国维多利亚时代画家，擅长风俗画和叙述性全景画，被誉为"贺加斯以来英国最伟大的风俗画家"。

3 乔治·埃尔加·希克斯（George Elgar Hicks，1824—1914），维多利亚时代的英国画家。其作品被认为主要是模仿威廉·鲍威尔·弗里思。

Ooh! That is clever, looks just like a photograph. I wish I could draw as well as that
I love these early Chuck Close drawings, they say so much about the redundancy of artistic skill, the blank futility of all that effort

礼服。

为了证明我的喜好的合理性，那些年我有各种各样迂回曲折的经历。如果是在早前，作为一个爱好者，我会说“哦，他们在自己的时代很现代”“我喜欢他们的讽刺方式”和“他们现在几乎是异类”，然后我会说：“哦，他们当之无愧地受欢迎。”然后，突然他们变得流行起来了，成了令人趋之若鹜的时尚。我想：“哦不，我已经不再有怪异的品位了。喜欢维多利亚时代的叙事绘画，让我看起来就像是在随大溜儿。”

当我 13 岁时，我喜欢超写实主义绘画，因为可以很容易地领会它的技巧所在。我在艺术学校里则学到超写实主义是种过时的画法。40 年的艺术之旅后，我仍然喜欢理查德·埃斯蒂斯[1]这样的艺术家及其照相写实主义，但现在喜欢他，也许是因为他的抒情特质，而且只局限在 20 世纪 60 年代的艺术史的真实性中。

我对品位做过研究，而且我发现的大部分理念也可以应用于对艺术品位的实践中。不同的是，在 19 世纪后期的艺术世界中，这必然是一个可怕的加强自我意识的过程。作为艺术家或策展人，我们的工作是挑剔，挑剔色彩、形式和材料，或想法、艺术家和

1 理查德·埃斯蒂斯（Richard Estes，1932— ），美国超级写实主义艺术家。

（左页）

（上）“哦！好厉害，看上去跟照片一样。希望我也能画出这样的画。”

（下）“我太爱这些查克·克洛斯的早期画作了，它们把艺术技巧和冗余体现得淋漓尽致。”

时代。有人买窗帘时，他们可能选择他们“喜欢”的，但他们不一定会询问自己“喜欢”可能意味着什么。但是这种自我意识如今已经成为艺术家必须去定义的一个方面，不仅要思考做什么以及如何做，还要思考艺术是什么。所以你可以看到，如今做个艺术家是多么难。

作为一名艺术家，拥有抵抗同行压力的能力与信任自己判断力的能力是至关重要的，但这可能会带来孤独和焦虑。那些不确定的沮丧时刻，正是我们的“胡扯制造器”开始工作的时刻。认知科学家史蒂文·亚瑟·平克[1]认为，我们的大脑中有一部分不能忍受“不知道”“不完全理解”，所以当面对一个像“什么是好艺术”这样难以明确回答的问题时，我们就开始胡扯以掩盖不适。

这种本性促使人们去寻找一个能给我们带来美学愉悦的更具经验性的解释。我认为这是愚蠢的。我喜欢引用哲学家约翰·格雷[2]的话：“如果对人类的理性所持有的信念是一种科学的理论，它可能在很久以前就被篡改和摒弃了。”

---

1 史蒂文·亚瑟·平克（Steven Arthur Pinker，1954— ），加拿大-美国实验心理学家、认知科学家、科普作家，以广泛宣传演化心理学和心智计算理论的心态而闻名于世。

2 约翰·格雷（John Gray，1948— ），英国著名哲学家、公共知识分子、作家，著有《黑弥撒：宗教的启迪和乌托邦的灭亡》。

*

在最近的一组研究中，心理学家詹姆斯·卡廷（James Cutting）证明，仅仅是向人们曝光某些图像，他们就会形成对那些图像的偏好。在使用印象派绘画图像的一系列实验中，他发现，比起相似的甚至更著名的图像，实验对象更喜欢那些他们经常看到的。他的结论是，通过书籍、报纸、杂志或电视频繁地播放某些图像有助于维持我们文化中的经典。在高情境文化背景下，如果我们不停地看到如德加、雷诺阿或者莫奈这些艺术家的画作，我们就会很容易发现其中的美。

不过这可能也没那么简单。在另一个实验中，心理学家在19世纪的大师米莱斯[1]的作品旁边展示了超级流行但也被严厉批评的美国"刻奇（kitsch）"画家托马斯·金凯德[2]的作品。经过反复实验，研究人员发现人们更偏好古老的经典作品。这个实验也许证明了艺术中的确存在一些我们会受其影响的先天固有的重要品质。也许反复接触好的艺术，会使我们更喜欢它；而反复接触坏的艺术，我们会感到更厌烦。

在这样的实验中有太多变量，所以我对结论仍然保持怀疑态

1 约翰·埃弗里特·米莱斯（John Everett Millais，1829—1896），19世纪英国画家，是拉斐尔前派的三个创始人中年龄最小、才华最高的一位。

2 托马斯·金凯德（Thomas Kinkade，1958—2012），"绘光大师"，深受收藏者欢迎。他的绘画作品以鲜活的颜色和柔和的光线著称。作品的风格混合了印象派以及传统的美国风景绘画。他作品的场景以花园、小溪、田园小屋等为主。

度。几个世纪以来，许多人已经完全依赖于那些根据经验来判断一件艺术作品是否伟大的方式。古希腊人发现了黄金比例，据说可产生令人愉快的美学和谐。画家威廉·荷加斯[1]，有他的蛇状线的美，这是他曾用来确保每幅画都足够美丽的方式。我最爱的打造经典的实例是“威尼斯的秘密”。1796 年，皇家艺术学院院长本杰明·韦斯特（Benjamin West）被一个自称发现了“威尼斯的秘密”的人骗了。那是一个神话般的说法，据说是提香以及其他文艺复兴时期的威尼斯画家画出杰作的公式。有人把这封古老的信给了本杰明·韦斯特，他信以为真，并开始按这个公式作画，希望有所成效，还因此被新闻界嘲笑。

但我对他表示同情。我自己做了一些研究，发现了能确保在当代艺术世界成功的公式。它是：

$$\frac{\text{还算过得去的想法}}{\text{野心勃勃的经销商}} \times \text{工作室助理的数量} = \text{世界上的寡头政治执政者和对冲基金经理的数量}$$

当代威尼斯的秘密

1 威廉·荷加斯（William Hogarth，1697—1764），英国著名画家、版画家、讽刺画家和欧洲连环漫画先驱。他的许多作品经常讽刺和嘲笑当时的政治和风俗。后来这种风格被称为“荷加斯风格”，他也被称为“英国绘画之父”。

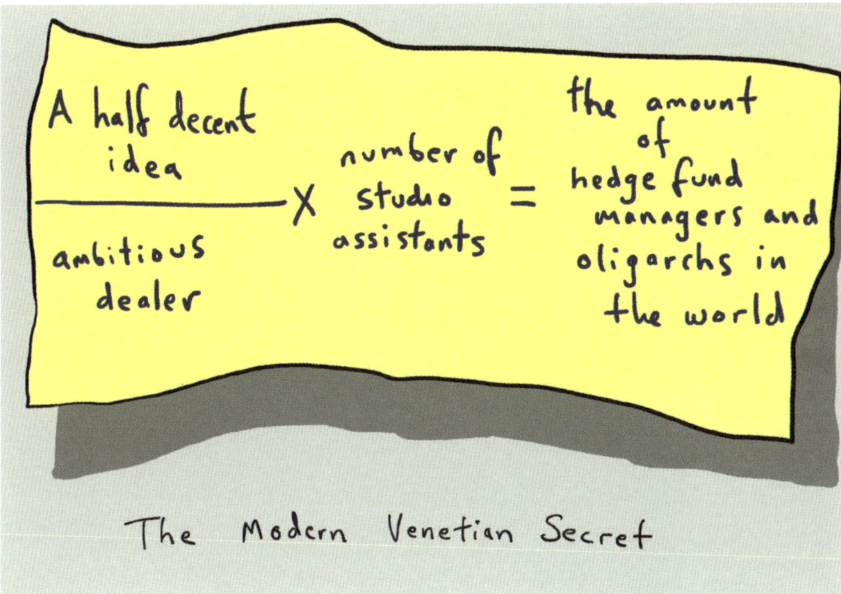
A half decent idea
ambitious dealer
X
number of studio assistants
=
the amount of hedge fund managers and oligarchs in the world
The Modern Venetian Secret

这就是 21 世纪艺术的理想公式。因为最接近我们艺术的可验证测量工具当然还是市场。据这个公式，塞尚的《玩纸牌者》（*Card Players*）是世界上最美丽、最令人愉悦的画作。我个人感觉它有点笨拙的刻奇风格，但它值 2.6 亿美元。

货币价值当然无法决定艺术作品的价值，但它经常胜过所有其他意义，因为人们很容易对巨大金额印象深刻。当一幅出自蒙克的《呐喊》的画作——甚至不算一幅正儿八经的画作——市值 1.2 亿美元时，尖叫声随之而起。

可能愤世嫉俗者会说，实际上艺术现在只是一种资产，它已经失去了其他效力，不再承担讲述故事、大众传播或打破界限的作用，而只是大量挂在墙上的现金罢了。当然也存在相反的论点——以艺术的名义而艺术——这样的立场非常理想主义，因为这种坚持并不值钱。20 世纪 50 年代著名的艺术评论家克莱门特·格林伯格说，艺术总被一条黄金脐带绑在金钱上。所以我是相当务实的。我最喜欢的名言之一是，如果你的作品不适合纽约公寓楼的电梯，你就永远不会拥有良好的艺术生涯。

然而，当一家商业画廊正在办展，给艺术品标价时，它通常不是以作品质量而是以作品尺寸来定价的。大幅画作比小幅画作贵——我假设有这么一个有趣的逻辑。当然，这并不意味着大幅画作更好。在我的经验中，最大幅的作品往往不是艺术家最好的作品。所以在二级市场，比如拍卖，优劣即辨，好画总是会得到最高的价格，即使它画幅很小。

还有其他我觉得有趣的判定品质的方法。为苏富比[1]工作的菲利普·胡克（Philip Hook）说，红色画作总是卖得最好，其次是白色、蓝色、黄色、绿色和黑色。但是，当然不是任何老旧的红色画作都能卖出最高的价格。艺术品既然到了像苏富比这样的拍卖场所，就意味着它已经得到了公认。

这是一个关于品质的症结点。了解为何一些艺术被认为比其他艺术更好的关键在于检验——至少在大部分的艺术世界中，包括大多数博物馆和画廊之类的场所。而检验的关键是明白谁在做检验，谁给出好的意见、钱、注意力和时间，谁赋予了艺术家和艺术品价值？这其中涉及了一系列参与者：艺术家、艺术收藏家、教授、代理商、评论家、策展人、媒体，甚至是公众。

他们形成了关于优秀艺术的美好共识。我做过一个名为“美好共识”的罐子。我向我的代理人要来我最希望这件作品落入他手的前50个人和机构的名单，像是一份完美的简历一样，我把这个名单以装饰的形式写在罐子上，陈列在特纳奖[2]的展览上。而那个罐子上的名单中有非常有名的艺术收藏家达吉斯·尤安努[3]，他在泰特画廊一看到它，便打电话买了下来。当然这是个题外话，是对所有艺术家的一个小提示，你可能需要在你的作品上写下著

1 苏富比（Sotheby's），世界上最古老的拍卖行，创建于1744年的伦敦。

2 特纳奖，英国当代视觉艺术大奖，由英国泰特美术馆于1984年创立，以英国著名画家J.M.W.特纳（J.M.W. Turner）的名字命名，是西方世界争议最大的当代艺术奖项之一。

3 达吉斯·尤安努（Dakis Joannou，1939— ），希腊实业家，著名艺术收藏家。

名收藏家的名字。

泰特美术馆馆长艾伦·鲍内斯爵士（Sir Alan Bowness）说过，检验包括四个阶段：同行，接着是严肃的评论家，然后是收藏家和代理商，最后是公众。当下的状况更复杂一点。被认可当然非常重要。来自同行的检验是一个令人欣喜的嘉奖。当我第一次开始制作陶器时，我的艺术家朋友看着它们，问："为什么是陶器？"然后他们说："哦！陶器，我懂了。嗯。"相当一段时间内，我是一个为艺术家创作的艺术家，也就是穷人。

像克莱门特·格林伯格这样的评论家可以成就或摧毁艺术家的时代已经结束了。以前，得到艺术评论家的好评当然很好，同时每个艺术家也都会将差评铭记于心，但现在，媒体评论只是艺术界众多的声音中的一种了。

检验的另一个阶段参与者是收藏家。作为一个艺术家，你总是希望重量级的收藏家来买你的作品，这会为作品带来声誉。在20世纪90年代，只要查尔斯·萨奇[1]踏进你展览的门槛，媒体就会蜂拥而至，他会带走所有作品。

当然，即使是著名收藏家的引领也无法挽救平庸的作品。不过，收藏家也可以通过他们的艺术收藏获得尊重。他们的财富可能来得狡猾，但购买蓝筹股或难度高、文化地位高的艺术品可以

1 查尔斯·萨奇（Charles Saatchi，1943— ），英国重要的艺术收藏家，对英国青年艺术家群体（YBAs）的成功起到了推动作用。

小便池
露台
艺术

艺术
艺术
资产类别

（由左上至右下）评论家　收藏家　策展人　代理商　艺术家

提升他们的形象，就像过去为教堂付钱修建礼拜堂的资助人一样。

艺术品代理商，则是“检验”这一“大合唱”的下一乐章。

优秀的艺术品代理商仅通过联合与包容声誉稳定的人才，就会对艺术家的声誉产生强大的影响。一个新人可以因为与著名艺术家在同一个画廊办展而受益，建立名声。2012 年，我看到尚未毕业的埃迪·皮克（Eddie Peake）在宏伟的白立方画廊（White Cube）举办展览。在他旁边展览的是受人尊重的、处于职业中期的加里·休姆[1]和年长的现代大师查克·克洛斯[2]。虽然荣誉可能因不同原因而被抹去：制作政治性的行为艺术、安装大量装置、拍摄令人反胃视频的艺术家们通常很难让商业画廊获利，但这些艺术家的前卫信仰是有价值的，可以淡化画廊只是一个出售漂亮货物的大型商店的形象。

代理商还能控制你作品的去向，确保作品被“放置”于广受尊重的收藏中。公共机构作为作品的首选下家，通常可获得巨大折扣，它们通常也没有私人收藏家那么有钱。一个优秀的代理商会谨慎地审查收藏家，拒绝售卖给那些媚俗的人（你一定不想要一个俗气的收藏家）或者有倒卖艺术品前科的人。倒卖者会购买难以获得的艺术品，然后立即转售、拍卖，获得利润。代理商如何处理作品会对艺术家的声誉有非常大的影响。这是一个许多人

1　加里·休姆（Gary Hume，1962— ），英国青年艺术家群体的成员之一。

2　查克·克洛斯（Chuck Close，1940— ），美国超级写实主义画家，照相写实主义的代表画家。

不懂的略带神秘色彩的过程：代理商会决定你作品的去向来为它加分，使它受到关注。而被拒绝的收藏家可能会因此很恼火，因为这可能代表他们没有让作品获得赞扬的能力。

优秀代理商的关键不仅在于卖作品，而且在于推广和成就艺术家。主要的艺术博览会是当今最重要的艺术大舞台，它们积极地为检验过程做贡献，更喜欢把那些持续有展览且对艺术评估过程有益的代理商们囊括进来，而不只是——咳咳——商店。

当然，我们在决定什么是好的艺术时可能会考虑的另一群人是公众。自 20 世纪 90 年代中期以来，我们在报纸和电视上看到了更多的当代艺术家。一个艺术家从媒体曝光中得来的名声，被许多清高的人看作俗气，他们认为名气不应该影响艺术品价值的检验过程，对于艺术来说流行是一个不入流的品质。但是博物馆需要参观者数量，参观者数量是另一种对品质的实证测量，一个知名又流行的名字会带来越来越多的收入。艺术行业报纸《艺术新闻报》（*Art Newspaper*）每年都会出版特刊专门统计参观者数据，这足以证明参观者的重要性。如果许多人去看同一个展览，那就是一个可测量的事实，当然也为展览提供了资金。

当我赢得特纳奖时，我在艺术界已经销声匿迹了 20 多年，这个奖对我职业生涯的影响曾令我相当不屑。10 年后，我的想法有所转变。

今天，你对一件艺术品的最好的称赞也许就是说它具有“博物馆收藏品质”。而在另一个时代，最有力的嘉奖则来自名流，即国王或教皇，然后是贵族和一般的富人。但今天，在检验过程顶端的可能是策展人。德国艺术评论家威利·邦加德（Willi Bongard）称他们是“艺术的教皇”，这就是策展人的力量，他们被道德规范束缚，除了私人收藏外，他们不能收藏在他们职业生涯中忽视了的领域的作品。这是因为他们会因此拥有巨大的权力。我的意思是，他们可以在买断一位艺术家后说“哦，我想我们应该在美术馆做 X 的展览”。接着（就会发生）“在泰特当代艺术馆展出后，X 的身价涨了不少，真是没想到（其实早有预谋）”的情况。

我认为检验过程包含了一定程度上的自我纠正。如果有名的收藏家把一位艺术家炒高，买下他所有令人瞩目的作品，但这些作品都只是放在有钱人的房子里，那么学术界可能就会抛去冷眼，说“哦，我现在不知道怎么评价 X。好像越来越俗气了”。相反地，如果一个艺术家的作品太学术了，枯燥、沉重，而且又非常贵，那么他的作品将要么一直待售，要么无人参观，因为老实说，有点沉闷。当然，假如你的作品在一般大众中流行，那就如有神助。

和检验程序有关的每一个角色都可以为作品添光加彩，帮助艺术家逐渐建立声誉。随着时间的推移，所有这些数以百计的对话、评论，以及一系列不错的标价都会成为过滤器，使艺术品成为经典。今天，最终出现在公共画廊的艺术品不再由公众票选决定。成功的艺术品都通过了一系列陪审团的审核，都是非官方的评审团通过世界各地的私人观赏、拍卖、展览完成的。这些艺术品得到了应有的赞赏和认可。这种共识是非常必要的，因为在艺术界并不是所有人都有发现好东西的绝对信心——绝对信心属于那些单单看着一件作品就可以发现它的高品质，而不必听取众人的共识，甚至不需要看标签上的作品名称的人。而且共识的分量对艺术品来说可能非常重。如果你去卢浮宫看《蒙娜丽莎》，因为你已经建立了它是世界上最著名的艺术品的观点，因而就不可避免地会有些失望。但如果你不带着预期看它，你仍旧会感叹“哇，这是多么惊人的画作”。

*

当然，建立起来的声誉能否持续是另一回事。2003 年威尼斯双年展的策展人弗朗切斯科·博纳米（Francesco Bonami）描述了他所谓的“杜安·汉森[1]综合征”，这位艺术家因创作超现实的人像而闻名。他说：“我有个理论，一些艺术品——创作之

1 杜安·汉森（Duane Hanson，1925—1995），美国超写实主义雕塑家，用综合树脂模塑真人大小的塑像。

（右页）
策展人脑中的美术馆地图
（最上方起顺时针）对当代大师“前卫”的重新评估　双年展上的醉谈　工人阶层会喜欢的充满活力的艺术　我们微薄的公众资金能买的超小型当红艺术家的非代表作　为什么我的前辈要买下这些垃圾　我博士论文写的内容　听起来像是代表未来的点子　在电视和旅游网站出现的巨型雕塑　未经发掘的、有戏剧性背景故事的少数优秀艺术家（上帝啊，一定要让他们很厉害啊）　一打特别优秀的名家范例可以轻易为我的机构带来国际声誉，还可以在礼品店销售　收藏家捐赠的品位真的特别糟糕的艺术作品

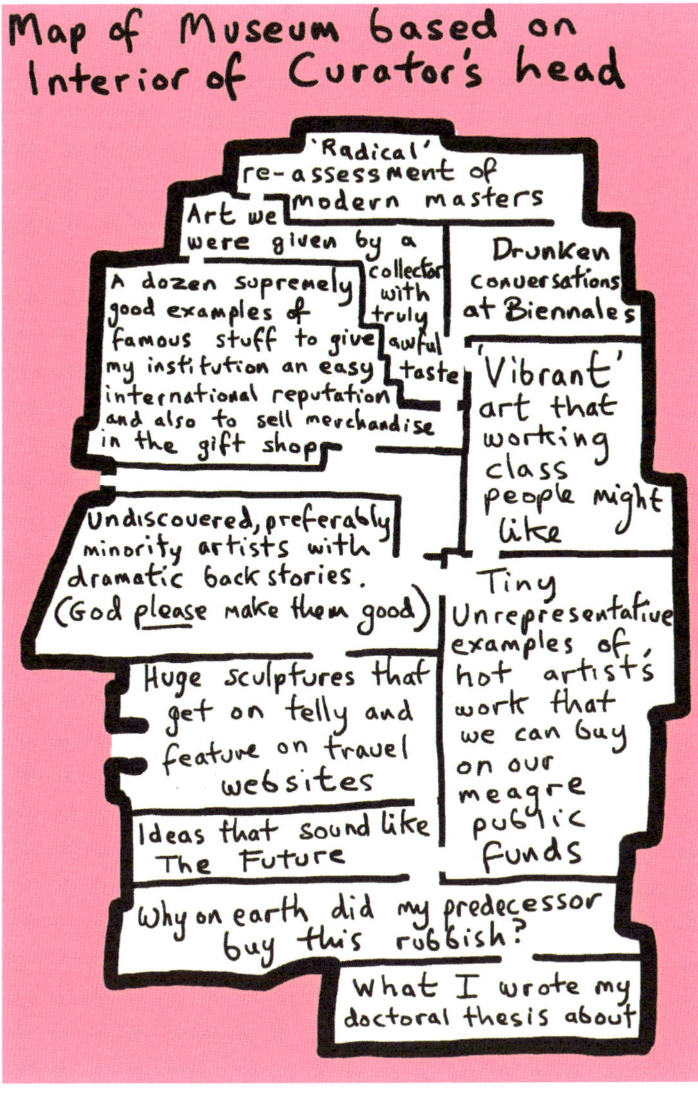
Map of Museum based on Interior of Curator's head
'Radical' re-assessment of modern masters
Art we were given by a collector with truly awful taste
Drunken conversations at Biennales
A dozen supremely good examples of famous stuff to give my institution an easy international reputation and also to sell merchandise in the gift shop
'Vibrant' art that working class people might like
Undiscovered, preferably minority artists with dramatic back stories. (God please make them good)
Tiny Unrepresentative examples of hot artist's work that we can buy on our meagre public funds
Huge sculptures that get on telly and feature on travel websites
Ideas that sound like The Future
Why on earth did my predecessor buy this rubbish?
What I wrote my doctoral thesis about

初获得的评价并不重要——一些艺术品的声誉会积累灰尘，一些则会发光。所以我认为杜安·汉森遭到了埋没。当你看到属于某一特定时刻的雕塑时，你会发现它们曾十分重要，但现在它们落满灰尘。它们暗淡无光。”

对于那些成功的艺术家，人们可以在所有不同的语境下连续测试其价值，最终达成共识。但这种共识的本质是什么？这种在艺术上积累的光彩是什么？你一定想要将这一物质提取出来，它是所有人都会授予艺术作品的、具有我们所期待的品质的东西。通常情况下，提炼出的这一物质具有严肃性，这是艺术世界中最有价值的货币。在我赢得特纳奖时，一个媒体人问我的第一个问题是：“格雷森，你是一个可爱的人，还是一个严肃的艺术家？”

我回答：“我不能两个都是吗？”我开过很多玩笑，但作为一名艺术家，我渴望被认真对待。我对成为时尚潮流感到畏惧，因为接踵而来的是不可避免的过时。严肃性就不同了。赋予和保护严肃性的方法之一是语言。民族志学者萨拉·桑顿[1]在她的书《艺术世界中的七天》（*Seven Days in the Art World*）中引用了《艺术论坛》（*Art Forum*）一位编辑的话，内容是说因为之前有个编辑并非以英语为第一语言，因此她任职期间杂志中出现了很多无法读懂的错误。但是艺术世界却往往害怕频繁地澄清错误。这

1　萨拉·桑顿（Sarah Thornton，1965— ），作家、社会学家。她早期的作品主要围绕亚文化、媒介和文化传承，近作则聚焦于艺术世界和艺术市场。

是我在2011年威尼斯双年展墙上抄下的一段文字：

> 共同点基于这样一个事实，即在当代乌拉圭艺术产业中，情感仍然是核心。
>
> 这个展览提出了两个似乎相反的观点。一边是马热拉·费雷罗（Magela Ferrero）的个人日记，正在进行书写和视觉工作；另一边是关于亚杭德罗·西萨科（Alejandro Cesarco）语言的话语和元话语的需求，常常需要阐明说出来的（没说出来的）话，加上闪烁、引用、重复和他喜欢主题的版本。

谁知道这是什么意思！社会学家阿利克斯·鲁尔（Alix Rule）与艺术家大卫·莱文[1]将关于公共机构举办当代艺术展的数以千计的媒体报道内容放入了一个语言分析程序中进行分析，获得了不少对它们是如何成为“国际艺术英语”的观察结论：“国际艺术英语之所以比普通英语高级是因为普通英语缺乏名词。‘可视的’成为‘视觉’，‘全球的’成为‘全球化’，‘有潜力的’成为‘潜能’。当然，‘经验’也变成了‘经验主义’。”他们描述了你在阅读这种文本时感受到的“形而上”的眩晕，这种文本听起来有点像缺乏经验的法语翻译。

当代“国际艺术英语”起源于20世纪60年代的艺术评论，

1 大卫·莱文（David Levine，1926—2009），美国艺术家、插画家，以为《纽约书评》（*The New York Review of Books*））创作的漫画出名。

它增强了一些作家评价艺术的权威性，正如我们读到的，这是一种珍贵的能力。它成为严肃的语言，赋予艺术品以复杂性。它促进了语言的军备竞赛，像野火一样传播，因为每个人都想被看作在认真对待艺术。它蔓延到了公共机构、商业画廊，甚至是学生论文中。大家都意识到这种精英式全球语言的力量，予以采纳，以证明它们本身也许是值得一听、值得一看的东西。这是一种移动的、把握脉搏的国际文化经纪人的语言，艺术史学家和评论家斯芬·吕提肯[1]称之为“高雅写作”。

高等教育协会的高高在上导致很多使用该语言不够流畅的人因没有受到足够的教育而质疑自己的判断。也许他们认为需要理解这种语言再来下判断。而我现在只想告诉你，你不必这样。

在处理概念艺术时，我们在加以判断之前会有特别强烈的需要完全“理解”艺术作品的感觉，这类艺术作品超出了我们依照自己的知识系统和判断步骤提出想法的范畴。基于审美基础的判断似乎不太适用于概念艺术。概念艺术在20世纪70年代似乎是一种谦逊的、低调的事物，包括带有文本和黑白小照片的打字板，由碎木块、绳子和胶带制成的东西。我们在90年代看到的版本则似乎是通过广告代理公司（在某些情况下）经营的。它更性感、更有趣、更大，最重要的是更易销售。

在20世纪60年代，波普艺术虽与消费主义相连，却仍保留

1 斯芬·吕提肯（Sven Lütticken，1971— ），德国艺术历史学家、评论家、编辑。

了一些传统艺术的特征。今天许多像达明·赫斯特[1]、杰夫·昆斯[2]和村上隆[3]这样登上报纸头条的艺术家，已经发展成一个个奢侈品品牌，它们的意象可被大众理解，并标以高价。这些艺术品是消费品。这些艺术家毫不羞愧地拥抱消费主义，雇用大量的员工。村上隆雇了100多名助手。他在洛杉矶的现代艺术博物馆有一个大展，实际上里面有一个真正的路易·威登商店，售卖手袋成为展览的一部分。他说这是他的版本的杜尚的小便池，这意味着他用一个真的路易·威登商店致敬杜尚做过的用"喷泉"打破边界那样的行动。他说，"是的，我自己做的东西，我自己打破它"。他完全不害臊。

（另一方面，尽管今天的人已经可以拒绝认可并非由艺术家亲手创作的作品，但手工制作的艺术品也可能被过度迷信。我是手工制作的标志性人物，但我并不想成为这类人中的一员：身处一个新的世界里，可能会太关注真实性或手工独特性，而认为这些是判断艺术品优劣的重要手段。）

跟使用相对简单的艺术材料制作的波普艺术商业产品不同，昆斯公司则复制昂贵的材料和高级工艺奢侈品。我发现自己在判断它的一个金属"充气"雕塑时就仿佛评判一辆车。讽刺的是，

---

1 达明·赫斯特（Damien Hirst，1965— ），英国青年艺术家群体的主要代表人物之一，1995年获得英国当代艺术大奖特纳奖。

2 杰夫·昆斯（Jeff Koons，1955— ），美国当代著名的波普艺术家。

3 村上隆（Takashi Murakami，1962— ），日本著名艺术家，后现代主义风格——超扁平（superflat）运动创始人。

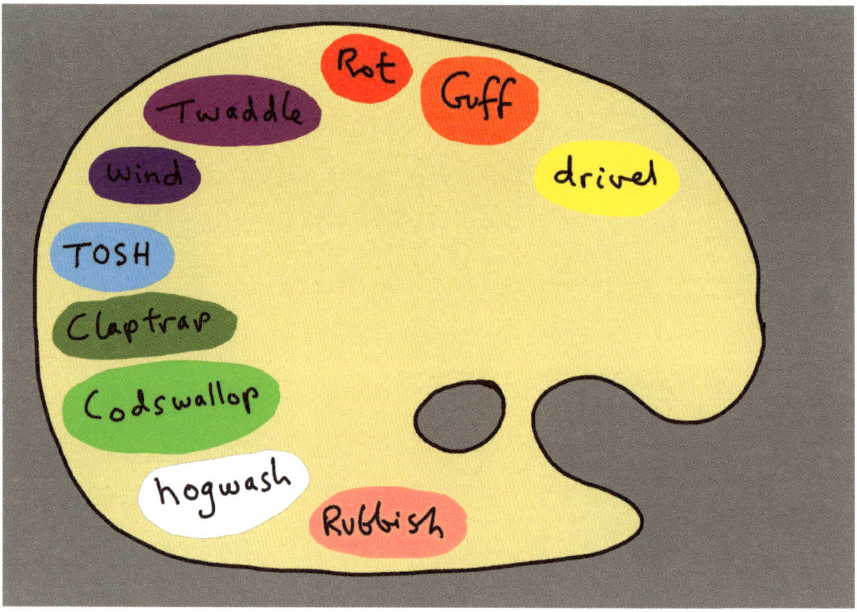

（由下至上顺时针）垃圾　一派胡言　废话　哗众取宠的话　胡话　耳旁风　闲话　胡说　瞎扯　傻话

许多超级富翁收藏家以购买法拉利或手提包的方式来对待购买艺术品这件事。银行将艺术品定义成固定资产，甚至在银行的保险库预留空间里放艺术品。银行会高兴地替你看管银器、葡萄酒、艺术品或黄金，对此他们还有一个专用首字母缩写词：SWAG（赃物）。

我们很容易在对一些当代艺术的规模和完美程度的敬畏中感到扫兴。所有这一切引导我们回归品质以及我们今天判断艺术的标准问题。如果一个艺术家展出的作品与漫画雕像很难区分，那么我们该将它判定为艺术还是产品？我经常在艺术画廊玩这个游戏：哪个艺术品我会带回家？但是，这究竟是一种判断艺术的方式，还是只是美妙的购物？

自20世纪90年代中期以来，越来越流行的另一种艺术形式出现了，它提出了更多的问题，比如应该如何进行评估。这种艺术形式被拙劣地称作“关系美学”或“参与式艺术”。根据判断品质的一般条件来判断它是非常困难的。对许多人来说，它甚至根本算不上艺术。它可能是一些穿着军服的盲人拉客。它可能——这是真正的艺术作品——是非法移民在画廊里卖山寨包。或者它可能是一个快闪泰国咖啡馆。这种艺术中最著名的艺术作品之一大概是杰里米·戴勒[1]的《奥格里乌的战斗》（*The Battle*

1 杰里米·戴勒（Jeremy Deller，1966— ），英国影像、装置和观念艺术家，特纳奖得主。曾就读于达利奇学院、伦敦艺术大学考陶尔德学院，并取得苏赛克斯大学艺术史系硕士学位。

of Orgreave）[1]，2001 年，他利用欧洲最大的历史重演协会 Seal Knot 的成员，重演了 1984 年著名的冲突事件，即矿工大罢工。

如今，"品质"这一概念似乎成了一个有争议的词语，好像只要说出一些东西的优劣，就说出了精英语言似的。参与式艺术圈的明星之一托马斯·希尔索恩曾做过一个不规则延展作品《葛兰西纪念碑》（*Gramsci Monument*），该作品是他 2013 年夏天在布朗克斯（Bronx）的住宅项目的一部分，包括利用胶合板建造一间临时图书馆、工作室和休息室。他说："品质——没有！能量——有！"

我不禁思索，他所说的能量是什么？以我对参与式艺术观众的了解，正如我之前写的，最好不要相信他。如果品质带有精英主义意味，那么什么是无产阶级的艺术形式？如果你通过科技大量炮制出了一系列相同的艺术品，那么你会希望它们全是同等高

1 杰里米·戴勒最为人熟知的影像作品，也是最能代表他创作精神的作品，是对 1984 年至 1985 年发生于英国南约克郡的矿工罢工引发的"奥格里乌战斗"这一历史事件的再现。

（右页）

美术馆礼品店

未发现的：真实、纯粹的丑、苦

当代大师：国际品牌、当权派、模糊的不安、避税天堂

职业中期：愉悦、一个新典范、倾慕异性恋男人的同性恋者、新贵、毕尔巴鄂效应（毕尔巴鄂市因为汇集大量建筑杰作而繁荣，这种改变一座城市命运的例子被《纽约时报》形容为"一个奇迹"，被称为"毕尔巴鄂效应"。—— 编注）

前沿：当红艺术家、愤怒、震惊、正直、反叛

Gallery Gift Shop
SIN-CERITY
PLAIN UGLY
Bitter-ness
undiscouered
Global Brand
ESTABLISHMENT FIGURE
VAGUE DISQUIET
TAX HAVEN
MODERN MASTER
titillation
A NEW PARADIGM
FLIPPER!
NEW MONEY
BILBAO EFFECT
MID-CAREER
HOT Artist
OUTRAGE
SHOCK
INTEGRITY
Rebellion!
CUTTING EDGE

质量的作品，不是吗？

如果这些艺术家拒绝将审美纳入检验系统，那么除了说他们充满活力，我们还应该有哪些判断标准呢？你可能会评价他们的作品说：“哦，这很无趣！”他们可能会说：“哦，你只是不懂怎么欣赏。”这类作品中有很多会被政治化。那么他们是否与现有的政府艺术政策或社会工作一样好呢？我们应该对他们进行道德判断吗？

但是，我又会问自己，我是如何判断的呢？我们在判断时考虑过政治政策吗？我会借鉴参与度很高的电视真人秀来进行判断吗？艺术界有许多刻意抗拒商业化的艺术，它们因而缺乏市场的检验。因此，艺术比以往更依赖评论家和艺术机构的检验，通常也正是后者为这些艺术项目买单。同时，当代艺术正在形成中，其中大部分真的都是垃圾。没有市场，大多数当代艺术只剩大众来为其检验。我们当然知道（不是吗？）流行会导致什么，因为大众也有坏品位。

我试图解释的是，我们在世界各地的艺术馆和画廊看到的艺术品是如何走向最终的归宿，以及如何最终被视为优秀作品的。因为我相当的普通，艺术世界有时会轻微地让我震惊。“好品位”在艺术圈这个“部落”里是有效的。艺术圈部落有自己的一套价值观，这种价值观却不一定与更广泛的观众的价值观相同。但我想，我们会选择那些某种程度上接受了使自己进入博物馆、画廊或其他地方的一套系统的艺术。如果大众选择艺术画廊里的艺术品，这是不是同一个道理？

正如当阿兰·本内特（Alan Bennett）在作为国家美术馆的托管人时所说的，他们应该在馆外标明："你完全可以不喜欢。"

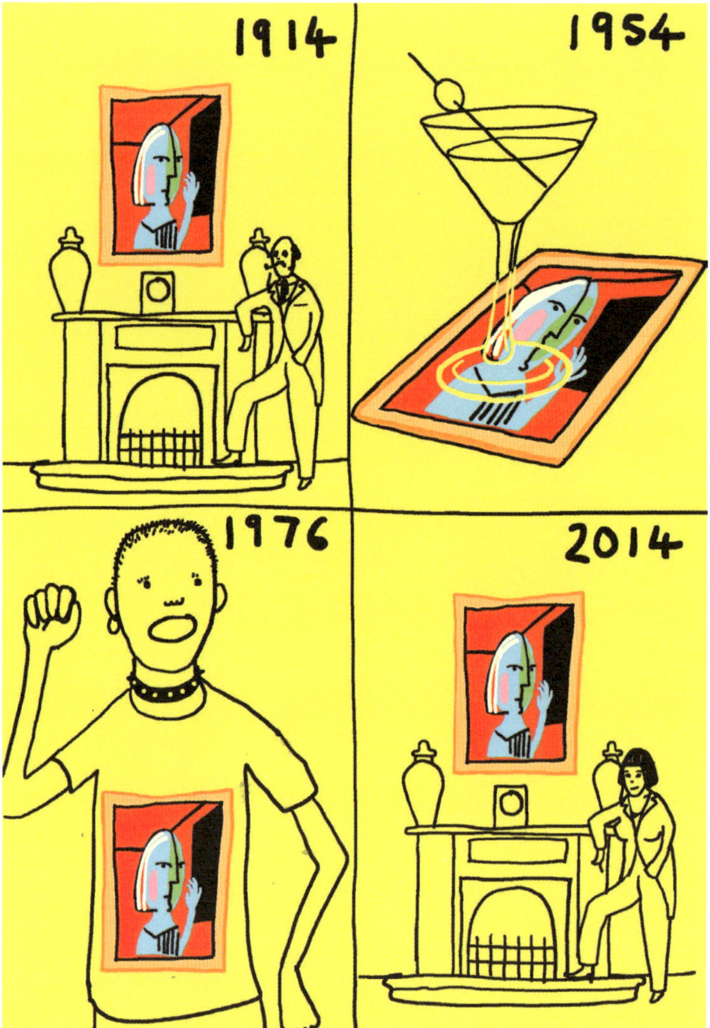
1914
1954
1976
2014

敲打界碑

什么算艺术？虽然我们生活在一个一切都可能是艺术的时代，
但并非一切都符合艺术的标准。

想要做出点什么和表达自我的意愿，这可能是人们最终选择在当代艺术这个奇怪的世界里工作的原因。但一旦你进入这个世界，你会做什么呢？在艺术界提出“什么是艺术？”这样的问题，就等于冒着被艺术圈里的知识分子翻白眼甚至敌视的风险。

在艺术圈里，很多人也许觉得边界的存在是对艺术的诅咒，他们更喜欢认为一个艺术家应该拥有最终的自由。过去的艺术家留存在历史中他们的时代里。现在我们正处于后历史艺术时代，任何东西都可以是艺术，但并非一切都是艺术。在这个没有边界的时代，我比以往更加着迷于它们的可能性。

在艺术和艺术家的词典中，它们经常忽略“艺术”和“艺术家”的定义。我相当肯定自己是一个艺术家，我做的是艺术，但在我的世界中，有很多人和活动令我觉得很难定义其为艺术。我觉得通常人们希望自己的作品被定义为艺术，大多是因为随之而来的地位（和通常伴随的经济利益）。

所以评断一些事物不算艺术也是个艰巨的任务。如今的界限在不断地改变。我们处于艺术的后历史状态，一切皆有可能。但是，关于什么是艺术，什么不是艺术，还是有着边界的，只是界限在变得更为柔和、模糊了。我不认为这些边界是确定的——我确信任何事物都可以成为艺术，我很高兴能秉持这一理念。我认为现在艺术的边界已涉及社会学、种族、哲学，甚至是金融领域。

有一次，我乘出租车经过西伦敦，司机特意指着一个路口说，那个地方发生过一起可怕的杀人案。他知道这些所谓的“知识”，是因为他的驾驶指导员曾把如此令人紧张的信息与参照点联系起来以帮助记忆。记忆和理解并非纯粹的理性过程。它们也是非常感性的。

我之所以引入理性和感性记忆这些概念，是因为对于艺术边界来说，智力上和感性上的理解并不一致。理解一项新发展可以只用一瞬间；而在情感层面接受一个大的改变可能需要许多年，甚至几代人。

我将这章命名为“敲打界碑”，这个名称来源于一个古老的仪式，可以追溯到盎格鲁－撒克逊时代，在精准的地图发明之前。那时当一个教区想要让每个人都知道他们教区的边界时，牧师会带领一群老老少少的教徒走到教区的边界，传授关于他们所处之地的知识。他们会以一种具有仪式感的方式四处走动。当他们到达一个重要的地点或标记过的石头时，会用鞭子鞭打男孩们，让他们对这个确切位置有强烈的感性记忆，因为这就是我们记忆的方式。我们的感性记忆是非常强大的。

所以我想让你感受一下鞭子带来的痛感，这样当我们在艺术世界的边缘搜寻时，你就可以记住主要的边界标记。

（当然还有一个悬而未决的附加问题。当我们行走在边界时，我想让你在脑海里好好思考这个问题：为什么有人想要把所做之事视为艺术？我认为这是有很多原因的，其中最明显的一个原因是他们是艺术家！“这就是我做的！”或者他们可能只是想找一个做某事的好借口。有很多比如“我喜欢这样做，让我们称它为艺术吧”的借口。当然，在你想要把自己的行为称为艺术的原因中最有力的一个便是经济，因为艺术市场中卷入的钱实在太多了——2013 年达到了 660 亿美元。这是一个把你所做之事称为艺术的好动机。）

*

问一个小孩子什么是艺术时，他可能会回答素描、油画和雕塑。（也有例外的情况，一个特别自以为是的来自伦敦北部的中产阶级孩子可能会回答行为艺术之类的。）在理智上，我明白这是一个非常狭窄的艺术定义，但在情感上，我仍然非常钟情于孩子对艺术的看法。在我的成长过程中，我觉得素描、油画和雕塑

约公元 1400 年
“这就是艺术。”
感到震惊。
“什么鬼话！”

就是艺术，而所有我喜欢的艺术都是相当传统的。所以即使从理智上接受甚至欣赏更广领域的艺术，我仍更倾情于旧东西。

也就是说，美术类艺术作为一种视觉媒介，通常出自艺术家之手，艺术家将创造艺术、欣赏艺术、向他人展示艺术当作一种乐趣。对于绝大部分艺术史而言，虽然可能有点艰难，但这是回答“艺术是什么”这一问题的良好出发点。

希腊人并没有我们所理解的“美术”[1]的概念。罗马人非常势利地欣赏高尚的（自由主义的）艺术，比如修辞或音乐，他们之所以把雕塑和绘画归入非高尚的（利欲熏心的）艺术，是因为其中包含了很多混乱及艰辛的劳动。

“美术”是一个最近才有的概念。自史前以来，我们在墙上绘画，制作雕塑，但只将其限定为一种特殊的活动，我们理解的艺术（可以挂在美术馆或画廊中具有特殊地位的东西）是相对现代的。艺术史学家汉斯·贝尔廷（Hans Belting）认为，我们所理解的艺术概念始于1400年左右。

该艺术理念被延续并被改善着，我们认为这理所当然——哦，是的，这就是艺术，那就是艺术——直到19世纪中后期出现了现代主义。人们开始质疑什么是艺术、我们做的又是什么。经过这样漫长的过渡，在这个自我意识觉醒的过程中，人们、艺术家们开始询问艺术的本质是什么。直到20世纪10年代杜尚出现了，

1 美术（fine art），指的是绘画与雕塑。

他标新立异地主张：任何事物都可以成为艺术。

但传统的观念依然存在。如果你打开谷歌地图，输入“感兴趣的对象：艺术画廊”，向你显示艺术画廊所在地的符号是一个黑色的画家用的调色板。

2000年，一群艺术家投票选出马塞尔·杜尚为20世纪最具影响力的艺术家。他的艺术观是什么？他的现成品概念，即通过随意选择比如小便池或者瓶子晾干架，一下子就可以使它们成为艺术品，为艺术家提供了更多可能性。如今，为了判断某物是否是艺术品，我们只要知道是否有人说过这是艺术品。这在我看来是一种傲慢自大的断言。杜尚当然可以说某物是艺术品，但我相信很多人——甚至他的艺术家同伴都会强烈反对他。他的定义是独断的。我觉得因为他的想法是真实有效的，其他人不得不认同他。这是需要些时间的。

当他确定任何事物都可以是艺术后，他弄来一个小便器，把它带到了一个艺术画廊。我们都知道这是件怪事。原来那个小便器在1917年被他放在了纽约独立艺术展上，不久之后便被毁了。幸运的是，有人拍了一张它的照片，尽管很模糊，却将它记录了下来，否则艺术史上不会再有如此具有深远影响力的重要时刻了。随便指着一样东西，然后说“那是艺术”，我觉得这种举动相当傲慢自大。但某种程度上，这却是一种关于艺术的非常聪明的想法，而且非常有趣。

然而，一百年后的今天，他的影响力及对艺术作为一种理性

艺术馆
“不——！”

追求的主张激起了诸多围绕着艺术定义的争论。街头艺术家班克斯[1]最近对杜尚派权力发起了挑衅。他在北伦敦一家零售店的墙上涂鸦了一幅童工缝国旗的画，这是他为女王登基60周年所作的，后来该作品被人小心地从墙上劈了下来，并拿去拍卖。为此班克斯宣布这件作品不再是自己的，因为现在它已被从墙上取了下来。班克斯以他艺术家身份重申这幅画不再是属于自己的艺术。进一步说，我们也有权将自己不喜欢的事物定义为非艺术。我喜欢这种权力。

我乐于见到艺术家在使用权力宣布某物为艺术品时遭到挑战。2000年，一群参观伯明翰市博物馆和艺术画廊（Birmingham City Museum and Art Gallery）的学生吃了架子上留下的一些貌似糖果的东西，但实际上这是艺术家格雷厄姆·费根[2]创作的艺术作品。但它们也是糖果啊！孩子们也没错！你无法否认这点。

诗人奥登[3]喜欢睡觉时盖厚重的毯子。他喜欢有重量感的床（他应该不会喜欢羽绒被）。有一次，他的房子里没有足够的毯子给他盖，于是他从墙上拿下一幅画，连着画框一起放在他的床上。他将画拿作他用，让它拥有了功能性，我喜欢这种想法。

让艺术有点儿不像艺术的另一种情况发生在它变得非常著名

---

1 班克斯（Banksy，约1970— ），英国匿名涂鸦艺术家、社会运动活跃分子、电影导演及画家。

2 格雷厄姆·费根（Graham Fagen，1966— ），苏格兰艺术家，他的艺术作品包括视频、行为、雕塑、声音和文字。

3 W.H. 奥登（W.H. Auden，1907—1973），英国—美国诗人，20世纪重要的文学家之一。

的时候。如果你去看《蒙娜丽莎》，就像看一位名人，人们只是想在它面前拍照而已。我几乎无法将它视作艺术。当然，还有一种让艺术不像艺术的方法是你只是看着它，然后想着“哦，我的上帝，这值2.5亿美元”。

杜尚提出的这个想法——即任何东西都可以成为艺术品——人们理智上接受了它，但让人真正把它作为一个观点来看待却要花很长时间。20世纪上半叶，所有的学说——立体主义、未来主义、超现实主义、抽象表现主义——整体而言，似乎都专注于在传统有形媒体中进行形式和内容的创新。立体主义者可能激发了表现空间的概念，但他们主要用油画来表现。50年后，抽象表现主义者依旧用画笔在画布上对艺术史进行勾勒。作为艺术家的艺术家当然进行了疯狂试验，但直到20世纪60年代，杜尚的想法才因波普艺术家而真正成形。1961年，艺术家罗伯特·劳森伯格（Robert Rauschenberg）被要求给一个叫伊利斯·克莱尔（Iris Clert）的画廊主人画一张肖像。他只是发了一封简短的电报给这个人作为回应。他写道：“只要我说它是，这就是一张伊利斯·克莱尔的肖像画。”而那就真的成了一件艺术作品。但这与杜尚的冷静观察并不一样，因为劳森伯格声称自己就是这项艺术的赋予者，即创造者。

《布里洛盒子》（*Brillo Boxes*）是安迪·沃霍尔创作的最有趣的艺术品之一。他做过一些与布里洛盒子一样大小和形状的胶合板盒子，用布里洛的商标图案烙印了每个面，这使得它们的含义与用途看起来完全一样。但它们并不是无意义的！它们是艺术品布里洛盒子。这一刻，几乎所有的艺术概念崩溃了；很难说出真正的布里洛盒子和艺术品布里洛盒子之间的区别。

这个故事有一个讽刺的小插曲——布里洛盒子那引人注目的商标的设计者是一个抽象表现主义画家。所以他在许多方面为自己艺术运动的垮台发挥了作用。

自 20 世纪 60 年代起，确实任何东西都被宣称为艺术品。皮耶罗·曼佐尼[1]将自己的粪便装于罐子，然后以黄金的价格按重量出售，他因此而出名。他还制作了一件名为《世界的基座》（*The Base of the World*）的作品，他弄来一块巨大的金属基座，然后把它倒过来，等于把整个地球当作他的作品。艺术家以自己和其他人的身体创作，以行走、睡觉、自拍、晒黑、风景、动物、光、电影、视频来创作艺术。甚至陶器也被宣称为艺术。

所以，艺术已经成为一个装满着令人难以置信的想法的大口袋了。

当我思考艺术可能是什么样的袋子时，我能想到的是那些非常便宜的垃圾袋——就是那些当你从垃圾桶里拖出来，然后走向前门时，你祈祷里面所有的垃圾不会撒到大厅地毯上的袋子。艺术就是这样的袋子。它变成了这样可渗透的、半透明的、模糊的袋子。

1　皮耶罗·曼佐尼（Piero Manzoni，1933—1963），被称为最虚无、最前卫的艺术家。

这种模糊对我来说，有一个很好的例子：恐怖分子迈克尔·斯通（Michael Stone）携带具备实际威力的引爆装置闯进位于斯托蒙特（Stormont）的北爱尔兰议会。幸运的是，他在引爆自己前被逮捕了。在法庭上，他试图淡化自己的罪行，宣称他并不打算伤害他人，这只是一种行为艺术。艺术似乎成了恐怖行径的自辩，我觉得这表明了艺术开始与震惊而非美好的事物联系在一起。

这是近年来一个相对常见的策略，有人将自己想要做的事宣称为艺术，以某种方式使之名正言顺。1998 年，这种想法被一群利兹（University of Leeds）的艺术专业学生非常机智地模仿了（或者至少我希望这是一种拙劣的模仿）。在艺术学校学期结束时，他们因即将到来的艺术作品展而获得了 1000 英镑的奖学金资助。然后他们拿出一系列在阳光海岸（Costa del Sol）的海滩上嬉戏的假日快照、一些假日纪念品和机票在毕业展览中展示。当然，这引发了愤怒，而报纸正好抓住了这事，并让它上了头版新闻，说"艺术专业学生花奖学金度假并称之为艺术"，我认为这事非常有趣。然而，隐藏在背后的真正妙计是，这一切都是他们伪造的。钱还在银行里；棕褐色的皮肤是在沙龙做的；他们所在的海滩是在斯凯格内斯（Skegness）；纪念品来自慈善商店，而票据是假的。他们出色地耍弄了媒体，因为媒体一直认为如果一切都可以是艺术，那么艺术就是这种愚蠢的无所事事，就是你可以将所做之事称为艺术的想法。

我觉得他们走在了前面。

战争是不好的

艺术

艺术已经成为许多投机分子的免罪卡。作家凯特琳·莫兰（Caitlin Moran）写道，当她的丈夫彼得·帕皮德（Peter Paphides）在做一些他知道自己可能会严重失败的事时，像给浴室贴砖或给猫抓虫，他就称之为“艺术项目”。这很有趣，但令我悲哀的是“艺术项目”现在成为无用而不熟练的业余主义的代名词。你知道，通常而言，不擅长制作电视节目的人成了视频艺术家，不是特别擅长写热门歌曲的人组织了艺术乐队。

但在此处，我在与我的坏脾气争夺，因为在理性层面上，我应该包容一切，艺术世界应该团结一致，我们应该说，“是的，我们所做的太棒了”。思考什么是艺术，意味着我必须质疑自己的假设和偏见。一方面，我在和一个守旧、老古板的自己做抗争，那样的我正是20世纪前期附庸风雅的那类人。但相反地，我认识到，在许多方面，我是一个伪装成工匠的概念艺术家：我以逗弄而保守的方式使用传统媒介，如陶器、挂毯和蚀刻。但当人们建议我将穿女装作为我的艺术的一部分时，我很喜欢纠正他们。最近一个视频艺术家提出我为电视所做的一系列都是艺术时，我回答说：“这是电视，这么做时我考虑的是电视价值。”

我个人认为对艺术的定义没有那么多正式的界限，例如它必须是艺术家做的事情，但是界限有关品位。我认为它是一种势利的形式。在复杂的宽容之下——“是的，每个人都可以创作艺术，他们做的一切都可以是艺术”——这里存在着一种有趣的阶级势利。一些艺术比其他艺术更平等。比如小便池——把它带入艺术，

摄影师　画家　崇拜者
手工艺者　制片人
活动家　学生　艺术家

这真的很激进。还有把鲨鱼带进画廊——哦，我的上帝，这真是令人惊讶的事情。但是说到陶罐，它就是工艺而已。

我将自己的展览称为“因微小差异而虚荣”(The Vanity of Small Differences)，从弗洛伊德的一个短语“因微小差异而自恋”（the narcissism of small differences）而来。他注意到，人们最讨厌的人是那些几乎和他们一样的人。陶艺和手工艺就是如此，太接近艺术了。

这也可能是担心“普通”的根源。包容艺术界一切的高雅捍卫者之流常常将普通性视为他们对手的原罪。自20世纪60年代波普艺术出现以来，艺术家也乐于利用庸俗为他们的作品添加趣味性与真实性。但“普通”正好引发了郊区中产阶级的共鸣，他们可能会将艺术视为一种共有的雄心壮志。

也许普通性最典型的一点是他们忠实于孩子对艺术的看法：艺术即绘画和雕塑，或至少是没有太多挑战性的东西。普通人喜欢大卫·霍克尼或杰夫·昆斯，或紧要关头在泰特美术馆做大太阳项目[1]的那个家伙。所以，也许想要一切都成为艺术的进步思想家和想要更为传统的艺术定义的人们之间存在着一种紧张关系。

如果你把当代艺术看作充满年轻活力的城市文化中心，正在

1 此为奥拉维尔·埃利亚松（Olafur Eliasson）在泰特美术馆的涡轮大厅做的装置艺术——一轮仿造的巨型太阳。

高雅　　普通　　庸俗

发生着时髦的事情，那么创造着美丽而醇厚的风景的绘画大师们则在稍远的地方，而手工艺可能被认为是一处郊区，你开车前往你的第二个家会经过的地方。

冷静的现代思想家可能会说：“嘿，放轻松，格雷森，你为什么对艺术的定义那么耿耿于怀？”好吧，我需要知道什么时候该用上我的艺术护目镜，是否应该像思考和感受艺术品一样来对待工作，是否能赋予我的艺术以价值。哲学家乔治·迪基 (George Dickie) 说过，艺术品是“沉思或欣赏的候选人”。

20 世纪 70 年代末，当我还在上大学时，我的一个同学乔纳森·格林（Jonathan Green）让大众定义艺术。他做了一个金属盒，在上面写上“这是艺术吗”这样一个问题。下面是两个连到计数器的按钮，标记为“是”和“不是”。观众可以投票，而是否是艺术取决于它在哪里和谁看到它。在某种意义上，这个盒子完美体现了整个问题，通常除了专家有最后决定权之外，总体来说，大众是相当保守的，寻找的是视觉上的美和审美。

思考某物是否为艺术品时，看它是否在艺术的情境下，是否在展览中，或是否在柱子或雕像的柱基上，被看作是更为深思熟虑的试验。哲学家阿瑟·丹托（Arthur Danto）说过，艺术品与事物有关，有着观点和风格，它使用修辞省略的手法——即吸引观众去填补空白。艺术品不仅是表面所见到的那样；你必须回应艺术品。但他还说过，艺术需要一种艺术史情境。这是学术界对艺术的定义。艺术品需要处在艺术的情境中。毕竟，如果杜尚把

民主　艺术

他的小便池留在盥洗室的墙上挂着，我怀疑它是否会有同样的影响。当然，这让我们回到这样一个问题——作为艺术进入艺术画廊的物品是谁进行认定的？如果一个艺术家已经宣布一件物品为艺术品，那么根据杜尚的定义，它就一定是艺术。但是，如果策展人或评论家选择了一件并非由艺术家制作的物品，并将其放置在画廊中，那么这还是艺术吗？

策展人接手艺术家的萨满式力量，将其他种类的东西变成了有价值的高级艺术品。纯艺术画廊特别倾向于根据物品的外观和艺术感觉分类，即便它们的名称将自己定义在另一个类别里（摄影作品或视频甚至陶器）。

*

但是，在所有这些关于艺术界限的想法和可能的试验后，我想说说自己的“敲打界碑”。当我们遇到一个做了标记的要点时，我会用鞭子提醒你。我已经设计了几个小试验，这样你就能知道，当你看着一件艺术品时不能只看一些陈旧的垃圾。

所以我在界限周围做的第一个标记：它是否在画廊里或艺术情境下？

杜尚可以将小便池就那样垂直悬挂——但他没有，他把它带入了画廊。他去五金店买了一个小便池，然后把它带到画廊，放在一个底座上。

特纳奖得主基思·泰森（Keith Tyson），有一次用画廊里的现成品做了一件艺术品，他称之为《神奇的激活》（*Magical Activation*）。他看着灯的开关，称之为《启示开关》（*The Apocalyptic Switch*），看着灯泡，称之为《意识的灯泡》（*The Light bulb of Awareness*）。他使用身为艺术家的权力将事物指定为艺术，但还是在艺术的情境下。

这种艺术情境可以成为相当强大的东西，也可以成为艺术品的蹩脚借口。如果我拥有世界上最可爱的车，一辆漂亮的老式法拉利，我会把它放入艺术画廊，感叹着“现在这是一件艺术品了”，但这将是一件没有说服力的艺术品。这是一辆可爱的汽车，但也是一件差劲的艺术品。这在艺术世界中常常发生——这就是我所说的借来的重要性。你可以去展览，然后说“哦，我真的很喜欢政治。那些政治正确极了。那些事情需要有人说出来。尽管是垃圾艺术”或者“这很有趣。尽管是垃圾艺术”。所以艺术画廊的情境是一种很好的试验，但这只是一个开始。

我的第二个边界标记：这是其他东西的无聊版吗？

我称之为歌剧笑话现象。当你去歌剧院时，你享受的是音乐、色彩、服装和歌剧，你沉浸其中。你不是去看笑话的。当然，歌剧院里有时也有笑话，大家会放声大笑，但这些笑话一点也不好笑。有时我觉得将事物定义为艺术是相当无聊的事：缺乏娱乐价值，缺乏乐趣。我的意思是，在当代环境中，对艺术品最侮辱的称呼之一就是“装饰”。

但具有装饰性却是一件非常高尚的事情。“艺术没有乐趣”这一想法是错误的。列夫·托尔斯泰说过：“要想精确地给艺术下定义，首先就不要把艺术看作是享受的工具，而把它看作是人类生活的条件之一。”我不觉得列夫·托尔斯泰接触过很多视频艺术，但他可能指的是长时间站着或坐在视频艺术室中安装的那些雅致却不舒服的长椅上这件事。影像艺术家克里斯蒂安·马克雷[1]制作了一件巧妙而出色的作品，名为《时钟》（*The Clock*）。它是视频艺术的杰作，我建议你去看一看，而且那里有能给作品增加好评的沙发。

下一个边界标记：是艺术家做的吗？

艺术史学家恩斯特·贡布里希[2]说过："没有艺术这回事，只有艺术家。"所以你必须成为一个搞艺术的艺术家。

1995 年，概念艺术家科妮莉亚·帕克[3]在蛇形画廊办展。一部分展品是她与女演员蒂尔达·斯温顿（Tilda Swinton）共同合作完成的，蒂尔达就躺在这个玻璃橱窗中。它被称为《或许》（*The Maybe*），蒂尔达睡着了，你可以过去看看她的鼻孔，仔细地看看她。这是一件有趣的事情，也是这次展览的一部分。2013 年，蒂尔达·斯

1 克里斯蒂安·马克雷（Christian Marclay，1955—），美国艺术家，喜欢以声音、摄影和视频的方式来呈现作品。

2 恩斯特·贡布里希（Ernst Gombrich，1909—2001），英国艺术史学家与艺术理论家，1972 年被授予爵位。其代表作包括《艺术的故事》《艺术与幻觉》等。

3 科妮莉亚·帕克（Cornelia Parker，1956— ），出生于英国柴郡，装置和雕塑艺术家。

“可爱的政治！不过这艺术简直是狗屎。”
“很棒的点子！不过这艺术简直是狗屎。”
“很有意思！不过这艺术简直是狗屎。”

温顿决定再来一次，所以她把玻璃盒放在了纽约现代艺术博物馆。我们处在 Instagram 和社交媒体盛行的时代，所以这是一件让人激动的事。我觉得这很有趣。我认为她就是 1995 年的艺术品，但也许她不是 2013 年的。她是一个艺术家吗？这次是不是不一样，因为没有与艺术家科妮莉亚·帕克合作？

当我们谈论“这是由艺术家做的吗”时，另一个问题就冒出来了，比如原住民艺术。我去看了伦敦皇家艺术研究院的“澳大利亚”展览，里面有很多原住民作品都是非常美丽和强有力的物品，但它们是艺术吗？原始的树皮画是人们与宇宙和景观关系的精神地图。它们是有力量的物品，但它们，以及有着相同精神的更近一些创作的绘画就是当代艺术吗？

我读了关于澳大利亚一个名叫伊丽莎白·杜拉克（Elizabeth Durack）的 81 岁白人老艺术家的故事。她以埃迪·伯鲁普（Eddie Burrup）为笔名绘制原住民风格画，并将之放在原住民艺术展上，有人愤怒地说，她应该借用他们特殊的差异性——事实上他们不是艺术家。

她正在借用力量。有人对此感到愤怒，但对于原住民艺术家借助当代艺术家的力量这一事实却鲜少有人感到愤怒。如果这并非由承认自己是艺术家的人所做，那么这是艺术吗？

下一个边界标记：摄影。有疑问的。

在 20 世纪 90 年代，每一秒钟都在举办的展览似乎就是摄影展，但你怎么知道照片是不是艺术呢？在 20 世纪 90 年代，你可以说这是摄影艺术，因为没人在笑，而且经常有一种做作的自负。但这些照片被当作艺术的主要原因是它们很大。它们的尺寸使其看起来更像画作，反而不像快照或新闻摄影。

我们生活在一个摄影满天飞的时代。那么你怎么知道照片是不是艺术呢？也许你还是可以看看他们有没有微笑。如果他们在微笑，可能就不是艺术。你也可以问，这张图像是否蕴含很多意义？

我向著名的优秀摄影师马丁·帕尔（Martin Parr）询问，是否能给出艺术照片的定义，以便与其他类别的照片进行区分。他开玩笑地说道："尺寸大于两米，价格高于五位数。"

我想，如果好好想想的话，这实际上是相当正确的。像著名摄影师安德烈亚斯·古尔斯基[1]做过4米乘2米的巨型照片，而他的莱茵河照片是有史以来最高的价格：450万美元。

接下来是另一个有趣的界标，可以应用于其他艺术品和摄影，那就是限量版测试。

古尔斯基的照片达到450万美元的原因是一版只有五张，其他四张已进入博物馆收藏，永远都拿不出来。这是自由市场上唯一的一张，所以价格才会这么高，这是限量版因素如何起作用的一个例子。因此，如果某物是无穷尽的，那么它就放弃了成为艺术的资格。

1 安德烈亚斯·古尔斯基（Andreas Gursky，1955— ），德国摄影艺术家，被誉为“当代摄影第一人”“摄影领域的波普大师”，作品《莱茵河2》（*Rhein II*）在纽约佳士得拍卖行拍出450万美元的天价。

另一个听来诙谐的测试，我称其为“手提包和赶时髦”的测试。

很多时候，你无法判断某物是否是艺术品，除非人们站在它周围并看着它。如果有很多留着胡子、戴着眼镜、骑着单速自行车的人，或拎着大手提袋、对所看之物露出烦躁和迷惑表情的寡头的妻子，他们看的可能就是艺术。人们常说，艺术属于拥有良好教育的人，或有很多钱的特权者，所以如果这些人盯着某物看，那么这很有可能是艺术。

你可能会寻求的另一件事是排队，因为如今人们喜欢为艺术排队，特别是参与式艺术——那种孩子们可以四处爬来爬去，或者你可以在前面拍 Instagram 照片的艺术。它们对展示，特别是公众展示有着一种需求。我称之为“主题公园加数独游戏”。人们希望从艺术中得到惊讶而刺激的体验，然后他们才会略微琢磨它的本质。

这可以让我们回到对参与式艺术和社会经验的建设中。如果任何东西都可以是艺术，那么这种艺术清理了尚未被艺术史认领的生活碎片。特纳奖提名候选人蒂诺·塞加尔（Tino Seghal）为人们创造了令人不安的人类互动情境：孩子们喋喋不休地说着流利的艺术腔的话，画廊服务员邀请你参加哲学辩论，表演者引发观众来谈论他们。蒂诺全身心投入这种非物质化的艺术，他甚至不允许别人对他的工作进行任何拍摄或记录。

经常与这类艺术联系起来的另一位艺术家是利亚姆·吉利克[1]，他彩色的有机玻璃建筑“潜在地”促进了观众的互动。通常它们看起来像是为某件事而造的建筑。尽管他的作品，比如《到来工具》（*Arrival Rig*）或《对话平台》（*Dialogue Platform*）都在酷酷地模仿管理腔，但吉利克坚持认为观众的存在是他艺术的一个重要组成部分。“我的工作就像冰箱里的灯，”他说，“只有人们打开冰箱门时它才起作用。没有受众就不是艺术，而是别的东西——房间里的东西。”

也许这适用于任何艺术：如果艺术品落在森林里，如果没有人看到它，它是否存在？它是否还是一件艺术品？

我有时想艺术机构和策展人是否喜欢推广这种类型的艺术，因为它们对艺术家及其技能的关注较少，所以艺术机构和策展人获得了很多文化资本和地位。

这些作品经常流入剧院、舞蹈、设计、建筑、行动主义或咖啡馆经营中。事实上，它们与其他类型经常无法区分。你唯一能说这是艺术的方法是，它们面前似乎有大量拎着设计师手袋并受

---

1 利亚姆·吉利克（Liam Gillick，1964— ），1987年毕业于英国金史密斯学院，艺术家、评论家、策划人、设计师、作家。他的工作兴趣在于探讨资本主义制度、社会组织的现状、社会百态及其不稳定性带来的种种可能。

到迷惑的寡头的妻子驻足观看。

下一个界标是垃圾堆测试。

另一个艺术试验是我的一个导师提出的，他称之为垃圾堆测试。你得把正在测试的艺术品放在垃圾堆上，只有当路人指着它，并且想知道为什么一件艺术品被丢弃时，它才是合格的。

然而许多好的艺术品不会通过测试，因为垃圾堆本身可能就是艺术品。

1960年，让·廷格利[1]制作了一件名为《向纽约致敬》（*Homage to New York*）的作品，这是一个大型金属机械雕塑，后来自毁成了一堆废料。许多艺术家会使用“毁灭”的手法。所以这不算是最可靠的测试，但我喜欢。

当然，艺术世界中有一物是真实的，已经引爆了关于艺术的讨论，我们的生活中处处可见——这可能是我生命中最大的革命——那就是计算机和网络。艺术项目现在很容易做，因为每个

1 让·廷格利（Jean Tinguely，1925—1991），瑞士达达主义画家与雕刻家，以机动艺术创作闻名。他以作品来暗讽文明工业社会中盲目生产过剩的现象。

人都可以在网络上搞点创造，上传到 YouTube 之类的网站上。

所以这是下一个界标，计算机艺术测试。

我向我的朋友、兰卡斯特大学媒体理论和历史学教授查理·盖尔（Charlie Gere）请教，如何判定一个网页究竟是一件网络艺术品，还是仅仅是一个有点意思的页面。他是这样回答的，他说："如果你发现它带有色情意味，但看起来一点也不圆满，或者无法指向什么完美结局，那你就该知道它就是一件网络艺术品，而不仅是普通的网页了。"

换句话说，艺术是要挫败我们这种通过双击——无论以消化、意见、事实、售卖，还是以新盖经验形式——获得满足的迫切需求的，并将我们留在一种沮丧和矛盾的状态中，让我们停下来想一想，而不是简单地做出反应。从各种意义上来说，这都是与普通物品相比之下的对艺术品的很好的定义。

当然我的测试并非无懈可击，但如果你把它们全部放在一个维恩图[1]中，正中间的部分绝对是当代艺术。

---

1 维恩图，也叫文氏图，用于显示元素集合重叠区域的图示。

照片大小排行
护照照片　快照　经典黑白照片　艺术照
时髦人士手持复古相机实测

*

毕加索说过，“所有的孩子都是艺术家。问题是如何让他们一直是艺术家”。然而，还是有很多毫无价值的儿童艺术家。父母可能把他们的作业贴在冰箱上，但我们都知道，并不是所有的孩子都擅长艺术。但在这个评论中有一个真理，艺术中存在着放松、自发性和自由。

当代艺术家的一个大敌是自我意识。自从艺术的定义在19世纪中叶开始受到质疑之后，艺术家为了在当代艺术世界中工作，需要极其了解观众、历史、价值和所有其他事物。所以在许多方面，再次成为一个孩子是件好事，但在艺术世界中你无法做一个天真的人。你必须考虑到自我意识、艺术世界的规则，以及你工作的历史和背景。一个不会考虑这些事情的界外艺术家，往往能够成为一个异想天开的创作者，但他们也就永远没有机会去理解在艺术世界中成为一个艺术家意味着什么。从19世纪开始，研究“作为一个艺术家意味着什么”几乎成了所有艺术家的关注焦点。

我曾经受到这一场景的困扰：一次演讲后，有一个学生来找我，她几乎呜咽着说：“您如何决定您的艺术要做什么？”我努力想说些什么，然后我看到她手里拿着苹果手机，我说“这个我可没有”。因为她手中握有所有图像，能够访问所有信息。在我的艺术生涯之初可没有这些东西。如何驾驭丰富的信息和图像，对如今的年轻人来说是一个挑战。

从事艺术本身是很重要的，也许那些充分得益于艺术的人正是那些从事艺术的人。所以我不认为做一个好艺术家是很重要的，除非你真的想成为一个好艺术家，但那样的话，如果无法达成，你将非常痛苦。

也许存在着这样一种危险，通过网络和我们现在拥有的所有惊人的传递系统，艺术会逐渐消失；艺术将与普通生活密切相连，以至于它变成某种形式的余波，仿佛经过了一场爆炸，尘埃落定到文化的每一处。也许网络可以把艺术家约瑟夫·博伊斯[1]的想法付诸实现。他说，每个人都可以成为一个艺术家，也许通过网络这是可能的。这就是我喜欢对艺术范畴做定义的部分原因。我需要一个清晰的目的地，在那里我可以崇拜伟大的艺术殿堂。

也许艺术最终是关于个人经验的，你对它的反应、我对它的反应都不会是一样的，但我们总会有反应。艺术就在我前面，始终如一，而对你来说，也许艺术在你挪开视线的那一刻就面目全非。我可以欣赏囊括一切的艺术智囊包，但我仍然在那包中寻找更多东西。

任何东西都可以成为艺术这一想法，是如今的21世纪10年代中期的核心想法。我们的思考、感觉和生活方式意味着，如今的艺术无所不包，未来人们会回顾所有的艺术类型，然后说："哦，

1 约瑟夫·博伊斯（Joseph Beuys，1921—1986），著名的德国行为艺术家，其作品包括各种雕塑、行为艺术，信奉人人都可以是艺术家的观点。代表作有《如何向死兔子讲解图画》《油脂椅》。

富人去死吧

“我在为员工卧室寻找灵感。”

“我可能会谋杀一份开胃小菜。”

这是一个 2014 年的复古之作！”

因为就像名声会随着时间变化一样，艺术的定义也是如此。而当代艺术的界限不是由艺术内容决定的，而是取决于地点、人物或原因。

当你下次进入艺术画廊时，我希望我的小鞭子造成的痛感会帮助你记住边界在哪里。

（当然，最后的讽刺是——我很喜欢这个故事——如果你走进一家艺术画廊，看见杜尚的小便池放在那儿——让一切当代艺术开始的作品——它是仿制的。因为最初的那个小便池已被毁，而随着时间的流逝，人们对它日益感兴趣，而你再也不可能获得小便池的模型。所以，如今这些小便池都是由陶艺家手工制作的。）

古董巡回秀

漂亮的反叛，欢迎加入！

艺术仍然能够震撼我们吗，还是已经被我们一览无遗？

我想从一部我最近看的电影开始谈起，这是由沃纳·赫尔佐格（Werner Herzog）导演的《忘梦洞》（*Cave of Forgotten Dreams*）。如果有人想看的话，就会发现这是一部奇妙的电影，它拍摄的是最近在法国南部发现的三万年前的萧维岩洞（Chauvet Cave）中的古老艺术。我认为它是冰河时代艺术的时间胶囊。它已经两万多年没被打开过了！

电影中，一个考古学家正在看着其中一面墙壁，上面有两个重叠的图案——用木炭画的马。她说："你看这些画，像是由同一个人在同一天画出来的。它们的风格相同。但是，当我们对这些绘图进行碳素测定时，发现它们绘制的时间相距五千年。"尽管它们看起来几乎是一样的。

这非常令人震惊，不仅是因为这些古老的图画相互依存，还因为它们过了五千年还保持着风格上的相似性。不过现在，艺术品似乎比名人文身过时得还要快。

艺术世界似乎与新颖性有很强的联系。主流媒体沉迷于新闻的价值，似乎强化和推进了艺术家们想要成为先锋的想法。工作总是“前沿的”，艺术家总是“激进的”，表演总是“打破现有模式的”，想法总是“史无前例的”“改变游戏规则的”“革命性的”，永远设定着“新典范”。

当然，所有的艺术家都怀有一个温柔的梦想，就是他们的作品都是原创的。对于艺术家们来说，最糟糕的事情就是——如果你在艺术展的开幕式或者非公开展览之类的地方遇见了他们，你也许会点评他们“哦，你的作品，是的，令我想起了……”，千万不要这样做，这意味着你做了一件极其不好的事。

但我和艺术界其他一些评论家都认为我们已经到了艺术发展的最后状态。不是说游戏结束了，我的意思不是说它完了。我的意思是，我们处于持续的全方位的实验状态里。任何事物现在都可以成为艺术。如今我们真的认可这个观点。大约在 20 世纪 60 年代中期至 70 年代初，大多数事情至少已经被尝试过或提议过了，现在任何事我们都经历过了。所以从形式上说，艺术正在它的最终阶段。我可以看到它正日薄西山，人们会说：“我正在做这个。难道不是新的？”我会走过去说：“嗯，它已经在‘任何事’这个括号里了。所以，它不是那么新。”

这并不意味着就不会再有新的、令人兴奋的艺术了。但它的确意味着一件艺术作品的创意超出艺术边界的事情不会再出现

展示至 2014 年 3 月 17 日
2033 年 3 月 17 日前使用

了。我们知道新鲜和新奇是美的妙方。我们喜欢看到新鲜的事物。但艺术如今已经精疲力竭了。它说的只是:“是的,有过这个想法,但这是它伟大的变体。”

今天如果你问一个艺术家有关前沿的想法，他们可能会咯咯地笑。他们可能只将新的想法看作对正在发生的趋势进行的调整。艺术中美学或文化思想的巨变在今天是稀奇的。大多数的想法都相似。你可以在艺术世界中做任何事情，如果选择了正确的方式，你就是好艺术家，会拥有一席之地。

艺术仍然是一个创造力的舞台。但是我认为，革命、叛逆和观念巨变不再是艺术里决定性的想法了。一百年前，艺术几乎是革命的同义词。如果你去现代艺术的展览，会发现人们感到震惊和被冒犯，那些画被称为“野兽”。1905 年，一群画家，包括亨利·马蒂斯（Henri Matisse，现在已经成了旅行团的最爱）和安德烈·德朗（Andre Derain）在内，他们的作品与一件仿文艺复兴风格的雕塑放置在同一个房间。评论家路易斯·沃塞勒（Louis Vauxcelles）针对那件更受欢迎的仿雕塑家多纳泰罗 (Donatello) 风格的作品，随口说了一句：“多纳泰罗置身于一群野兽的包围之中。”从此这个群体就被永远称作了野兽派。咆哮吧。

但现在我们离这种想法已经有一个世纪了。最受推崇的艺术评论家罗伯特·休斯（Robert Hughes）最近去世了，令人惋惜。早在 1980 年，他在里程碑式的系列电视纪录片《新艺术的震撼》（*The Shock of the New*）结尾中说到：“如今，先锋是一个时期的风格。”

所以我想看看那个想法怎么样了，以及它在我们的文化中还占据着怎样的位置。那个关于先锋和前卫的想法呢，它怎么了？因为它仍然萦绕在我们的头脑里。尽管艺术不一定一直是我们文化中最前沿的、最具决定性的，但它仍然是创造性的，它仍然需要进步，或者我们已经取得了这种进步。抑或是由于艺术存在于世界各地，所以我们没有强烈地注意到它？我们正在迈向什么样的艺术世界？也许我们必须调整我们对先锋艺术家的看法了。

*

当我在艺术学院上学时，革命、变化和叛逆似乎是我对艺术的基本理解。我开玩笑地说，我在那期间学到的最主要的东西就是恨艺术。毕加索最喜爱的一句话是，“我们必须杀死现代艺术”。这是成为一个艺术家必须拥有反叛想法的源头。弑父是被鼓励的。我们必须把自己放在反对以前一切的位置上。1953 年，年轻的罗伯特·劳申伯格（Robert Rauschenberg）得到独占鳌头的现代大师威廉·德·库宁（Willem de Kooning）的绘图后，花了一个月时间仔细擦除它，然后将它作为自己的作品展出。艺术世界的一个令人愉快的特征是，它享受被挑战。经过一个世纪，甚至 150 年的革命和挑战，我们仍然鼓励这种精神。一个年轻的有才华的圈外人，也许有些怒气冲冲——来了又走——“你，这个老东西！”

他对着已有事物摇晃着拳头说："我要向你展示我这里的奇妙创新！"然后艺术世界看着他说："漂亮的反叛！欢迎加入！"

甚至有一个首字母缩略词，指代可能是由那种年轻男人或女人正在创作的艺术，它是 M.A.Y.A.（Most Advanced, Yet Acceptable）：最先进但仍可接受的。这是由"工业设计之父"雷蒙德·洛伊（Raymond Loewy）在谈到消费者对设计接受的社会限制时创造的一个术语。

尽管艺术世界一贯抱有任何事都可以的自由放任态度，但我认为它还是有限制的。增加愤怒这种长期传统 [包括 20 世纪 60 年代的艺术，如涉及大量的血腥和裸体的维也纳行动主义者，或让人用枪射击自己手臂的美国表演艺术家克里斯·伯登（Chris Burden] 受到了考验，那是在 2003 年，中国艺术家朱昱拍摄自己吃死胎的照片。我认为他没有理解艺术，他认为让人震惊就是真正的艺术要点。人们看着照片会想，"哦，我想他走得有点远了"。

但也许他是在反讽，对虚张声势的先锋人士呼喊："我会告诉你什么才是令人震惊的！"

或许只是因为他拍摄的照片不是很好。

在我的工作状态中，"挑战"大概是一个文雅的学术品格或一种时尚。我制作陶器，而陶器本来是由认真的民谣歌手或戴着夸张耳环的嬉皮女士做的东西，有些俗气，不够时髦。1986 年（大约在我刚开始做展览的时候），有一个杯杯香（Babycham）电视广告总结了我的经历。（也许很多人不知道，杯杯香是一种早期的波普甜酒。）在广告中，一个不善交际、雍容尔雅的年轻女孩走进一家喧嚣的酒吧，她点了一杯杯杯香，然后这个饮料就再也没有被冷落过。听到她点单，嘈杂的人群陷入了惊人的沉默。酒保丢掉了他手中的鸡尾酒摇壶。之后一个真正时髦的年轻绅士用男低音说："嘿！我也要一杯杯杯香。"接着，整个酒吧的人都开始点这杯受追捧的饮料。

所以我做陶器是对艺术界风尚的一种温和的反叛。但说真的，我把自己看作是那个年轻的女孩，我的第一个代理人和收藏家是那位年轻绅士，酒吧派对的其他人是更广泛的艺术世界。但在我的世界里，我花了 15 年的时间才让他们想要来一杯杯杯香。

我想说的是，即使我故意持保守立场——做常规的传统花瓶——最后也会受欢迎。

所以现在，作为一个付清了所有艺术界"会员费"的老会员，

看看格雷森·佩里多么慷慨又有天赋！

我在艺术世界之中站稳了脚跟。但是当我进入艺术世界时，人们嘴上不断出现的那个词是“后现代主义”。在 20 世纪 80 年代初，现代主义及其与时俱进的信心结束了。我们在一个什么都过去了的时代。我感到被欺骗了。我想高举革命旗帜，发起一场明确的艺术运动，它可以让人骄傲地说：“哇，是的，你是那个创作了生锈的金属雕塑的老人。我们是创作出这些新作品的年轻人。”我想像 1913 年参加第一个纽约军械库艺术展的艺术家们一样，让美国第一次遭遇现代艺术的震撼。为了表示他们想要与过去做个了断，那个展览的标志是一棵连根拔起的松树，这一形象借自于美国独立战争期间被带入战场的马萨诸塞州的旗帜。

我想要那种冲击感，就像许多中世纪的英国艺术家遭遇当代美国艺术，像艾伦·琼斯[1]在20世纪60年代初，第一次看到罗伊·利希滕斯坦[2]的一幅作品，画的是一条腿正在踏开脚踏式垃圾桶。他说这是一个真正的文化冲击。他说若这是当代艺术，那将是一种不可思议的解放。我想要的是这种经历，想要体验这种震撼。我从未有过。

在经历了经典艺术史上一系列各种主义之后，经历了集中在不同的城市的不同流派之后，现在的艺术似乎都是碎片。20 世纪

1 艾伦·琼斯（Allen Jones，1937— ），英国知名波普艺术家，一生创作了大量的绘画作品，画风欢快幽默，色彩明朗。

2 罗伊·利希滕斯坦（Roy Lichtenstein，1923—1997），美国波普艺术代表人物，最著名的就是他的漫画和广告风格结合的绘画，借用当时大众文化与媒体的意象，用标志性色调和标志性大圆点来表现“美国人的生活哲学”。

60年代，艺术家们面对着各种各样艺术的限定，每个人都没有做出太多的斗争。所以我认为在那个时代，任何风格的东西都可以是艺术。艺术不再是做出漂亮的物品，甚至根本不再是物品，它是哲学的分支。离开学校，那种感觉就像那些躲藏在丛林中的日本士兵，刚出来就被告知战争在多年以前就已经结束了。

但是在许多方面，我是在误解中创作的，因为艺术史里的各种主义从来都不是连贯的。你想一下毕加索，他的职业生涯始于19世纪90年代，于1907年创作出现代主义早期标志性作品之一《亚维农的少女》(*Les Demoiselles d'Avignon*)，在1973年离世之前一直在工作。他几乎生活在整个现代主义时代里，他在这场艺术运动的大部分时间里都曾一展身手。这只是众多艺术家中的一个。

所以艺术家们可以——尴尬地——在自己的风格超过销售保质期后仍坚持工作。泰特不列颠美术馆（Tate Britain）最近重新展出了英国的艺术品，这次纯粹以时间顺序来做展示。它向我们表明，现代主义的艺术运动有几十年都是重叠的。在一个展厅里，有维多利亚艺术家阿尔玛·塔德玛[1]（所有的奇幻历史中都有光洁的大理石）1909年的绘画，挂在旁边的是沃尔特·席克特（Walter Sickert）的一张1906年的生活习作，这位艺术家远在波普艺术

1　阿尔玛·塔德玛（Alma Tadema，1836—1912），英国维多利亚时代的知名画家，他的作品以豪华地描绘古代世界（中世纪前）而闻名，他对大理石的逼真描绘使他获得了“大理石画家”的绰号。

出现之前就已经在画报纸上的照片了。在 1990 年的展厅里，我们有莱昂·科索夫 (Leon Kossoff) 的一幅令人焦虑的厚涂都市风景画、一幅由布里奇特·莱利(Bridget Riley)早前设计的彩色几何画、阿尼亚·加拉乔 (Anya Gallaccio) 概念性的腐烂花墙，以及沃尔夫冈·提尔曼斯 (Wolfgang Tilmans) 看似不经意的摄影作品。

诸如那些“艺术在利索地前进着”以及“成为当代艺术家的道路只有一条”这些观念，似乎是一些绝对是怪胎(大部分是男性)的艺术家的专攻。必然性是一项狡猾的业务。

当然，在 20 世纪发生的这些革命在某种程度上是小题大做。他们预先占据了国际艺术舞台上的小山头。我作为一个愤怒的年轻人，能在一个很少有人参观的小众领域工作已是不错了。艺术的独木舟上偶尔会出现一个评论家，但你能感觉出来他是非常咄咄逼人的，因为艺术世界本身就是惊人地曲高和寡、艰难又危险。反叛不仅仅来自表面可见的工作和想法，它也来自艺术家的生活方式。

阿伦·卡普罗[1]，在 20 世纪 50 年代建立了行为艺术“偶发”的想法，这很可能是在他的时代真正合格的先锋人物。在 1964 年写的一篇叫作《艺术家也是世间人》（*The Artist as a Man of the World*）的文章中，他假定（这可能是一个令那时许多生活在 SOHO 区冰冷阁楼里的人讨厌的想法），艺术家与大多数人一样，

---

1 阿伦·卡普罗（Allan Kaprow，1927—2006），美国画家，行为艺术的先驱。

客观

“所以你为什么将这幅作品画成蓝色？”

想要的不过是舒适的中产阶级生活。他认为艺术家的职业与其他专业性的工作没有什么不同。他很可能在嘲讽，但这是一个有趣的想法。

当然，自从20世纪60年代以来，大部分的人已经接受了艺术家的生活方式。弗吉尼亚·尼科尔森（Virginia Nicholson，作为具有彻底的波西米亚气质的弗吉尼亚·伍尔夫的侄女，她也颇有波希米亚气质）说："我们现在都是波西米亚人。"如果你想一下所有曾经被视为颠覆性的、危险的东西，像文身、穿孔、药物、跨种族性关系、恋物癖等，艺术家正是利用所有这些东西，来展示他们的自由和其他特性——现在他们却可能会在某个周六晚上突然出现在选秀节目《X音素》（*X Factor*）上，供一般家庭观看。

最后只有一个东西是真正危险的了——你不会看到的东西——腋毛。

就某些方面而言，在艺术中颠覆并不是很难。艺术世界在某些方面可能是相当正统的。近期最反叛的行为之一，就是翠西·艾敏[1]支持英国保守党。

创造性的反叛者经常认为他们提供了一个替代"普通人"的选择，对资本主义制度来说，他们像是占领了一块地盘的抗议者。但是他们当然没有意识到，由于自己的发明和创意，他们实际上

1 翠西·艾敏（Tracey Emin，1963— ），毕业于英国伦敦大学伯贝克学院，塞浦路斯裔英国艺术家，英国艺术家群体成员之一。

被资本主义玩弄于股掌之间，因为资本主义的生命力正是新想法。当代艺术就像资本主义的研发部门。马克思把它称为“资本主义不安分的本质”。

当你思考艺术世界的运作方式时，你会发现它也是新自由主义的完美模式。前卫的人会来买艺术品，希望他们的投资有所回报，因为他们的品位将成为社会更广泛的趋势。这就像任何其他投资者前瞻性地购买期货一样——他们购买的是先锋的未来。他们对物品的后世利益下赌注。因为没有固定的质量标准，所以衡量标准惊人地不稳定。在许多方面，仅仅通过投资就可以让增值变得很容易发生。

而过去令人反胃的姿势可以很快地成为商品。1960年，法国概念艺术家伊夫·克莱因[1]，举办了他最有名的行为艺术之一——这在当时是非常有争议的——即所谓的“人体测量”（*Anthropométries*），他用他最著名的蓝色颜料涂抹在这些裸体模特身上，让模特们在画布上按压来做成艺术品。这是当时的大事件。现在，如果你上网，在 loveisartkit.com 上搜索，可以买一个包括颜料和帆布在内的套装，根据网站上的指导，就可以在做爱的时候创造艺术。

因此，20世纪60年代激进的艺术已经成为《五十度灰》（*Fifty*

1 伊夫·克莱因（Yves Klein，1928—1962），法国艺术家，是第二次世界大战后欧洲艺术界的一位重要人物，新现实主义、极简主义和波普艺术的先驱。

（由左至右）乐队花车　贫穷可耻　艺术

Shades of Grey）这一代人乱玩的生活方式的附属品。

*

也许过去三十年中最大的变化是如今当代艺术的庞大规模。据最近一次的统计，世界各地共有 220 个艺术双年展。

我给泰特现代美术馆取的绰号是“狂热的娱乐卖场”。这个称号来自一家销售漫画和电影衍生品的商店。这个商店名为“禁止星球”（Forbidden Planet），在店标下面，它将自己描述为“狂热的娱乐卖场”。我认为这是一种矛盾修辞法。如果某件事被狂热膜拜，我会认为它只是吸引了几个行家，就像过去的艺术那样。它如何供应大型卖场？现在，当我去艺术画廊时，我通常非常了解它们的品牌标识，我可以感觉到我在“审美”一个品牌。

有些死硬先锋派人士为之前因反文化而被抛弃了的艺术变得珍贵而被商品化感到沮丧。1996 年，连续边界践踏者、音乐家布赖恩·伊诺（Brian Eno）为这些激进的作品变得正常化而感到生气。所以，当他看到杜尚的著名作品《喷泉》（小便池）在纽约现代艺术博物馆展出时，他自制了一个装置，包括塑料管和一小袋尿，尿通过显示屏的一个小缺口，流进杜尚的小便池。之后，在接受采访时，他说：“去商品化（decommodification）是如今的热门词汇之一，我将我的行为描述为‘再商品化’（re-commode-ification）。”

每当我听到艺术家嘲笑艺术世界的商品化并说艺术只是赚

钱的方式时，我总会想到这个由喜剧演员比尔·希克斯（Bill Hicks）勾画的伟大蓝图，他在谈论营销时说过："在这里有谁从事营销或广告工作？"当他们举手时，他说："你去死吧！立即自杀吧！吮吸排气管！你是魔鬼下的蛋，你在世界上传播邪恶！"接着他道出了他们可能的反应："哦，是的，这就是比尔。他应该去一个反营销的市场。那是一个伟大的市场。"如果比尔说（真的）"不，不，这不是我的意思"，他们会猜测，"哦，现在他去义愤填膺者那儿赚钱了。那可是个好市场，年轻、时尚。他们有更多的自由收入"。

所以愤怒——这是一个对艺术世界中发生之事的完美阐释——已被驯化。当然，许多老一代前卫的人，当他们记起在寒冷的旧时光里，他们赤裸着在覆满内脏的冷冻仓库里奔跑的样子，会对此感到惋惜。现在泰特现代美术馆有一个为行为艺术特设的地方，他们称之为"水槽"。我认为更尖锐的是有人把它形容成行为艺术家的宠物公园。

纽约艺术家基思·哈林[1]的离世让人感到难过，他把温柔的让步称为"颠覆性的顺从"。我认为收藏家常常想被"抹油"[2]，佩吉·古根海姆（Peggy Guggenheim）说杰克逊·波洛克（Jackson

1 基思·哈林（Keith Haring，1958—1990），美国新波普艺术家，作品与传统画作有很大不同，简单直接，往往反复重复几种图案，内容常常是卡通式的。哈林最早是街头涂鸦画家，电线杆、水泥柱、广告牌、指示牌都成为他作画的画布，他还设计了大量海报。

2 抹油，指天主教活动中被教宗抹上油膏，常在医治病人的情况下施行。

Pollock）就曾在她的壁炉撒了一泡尿，但他没有尿在地毯上。

今天，世界的大部分事物都是无法撼动的，艺术世界也一样。所以冷淡地反讽——这是一个悲哀的时刻——已经成为我们这个时代艺术界的默认模式。而这是有问题的。

下面是"除了女孩都有"（Everything but the Girl）乐队的音乐人特雷西·索恩 (Tracey Thorn) 说的话，我认为很棒。它描述了反讽的问题。她说："艺术界的人很难完全真诚地对待事情，看起来都想要'正确'。反讽的问题在于，它假定了作为最终的结果的位置，了解两方面的看法，对一切的感觉都是精通的。所以，如果你避开反讽的态度，你看起来就好像没有足够的思想，你就有点太简单了。"你明白我的意思吗？这是双重绑定，你进了这个圈子，一切都很反讽。

我必须避免自己遇到这种情况，因为当我晚上外出和朋友们一起时，我会表现得非常愤世嫉俗和反讽，这还说得过去，但作为一个严肃的艺术家，当我想就艺术做一对一的交谈时，我希望一对一的经验是真诚的。我在为艺术奉献我的生命。所以，当我可以早上独自去看展览的时候，"嗯"，感觉有些许美好的瞬间。我必须在邪恶的反讽中保护我自己温柔的部分。

也许给当代艺术家留下的最令人震惊的策略便是保持诚意。作品的震撼不是形式上的，而是政治性的或社会性的。

我怀疑这就是很多艺术家喜欢政治的原因——因为它是真实的、严肃的，他们想借力，因为他们知道我们不会由于大而严肃

The Great Migration①
£1 million houses②
1983
2003
2013
Areas affordable to young artists post 2000③
LON
The 'Tatler' fence④

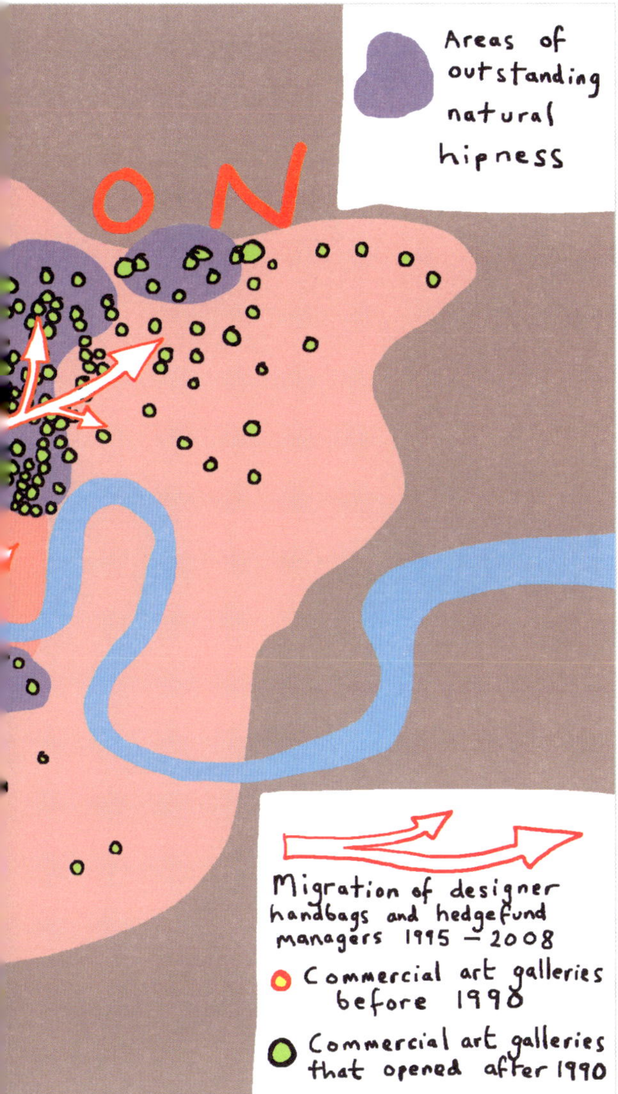

（左页）

① 伟大的迁徙

② 一百万英镑的房屋

③ 2000 年后年轻艺术家买得起的区域

④ 说三道四者的围栏

（右页）

⑤ 出色的天然潮流区

⑥ 设计师手袋和对冲基金经理的迁移 1995—2008

○ 1990 年以前的商业艺术馆

○ 1990 年以后开业的商业美术馆

的话题发笑。你现在在酒吧听到的艺术家之间的争论，不再是关于抽象表现主义者和超现实主义者之间的争论，不再是视频安装者与巨型照片艺术商间的争论。不不不，而是有价值的激进分子和反讽性的市场甩卖之间的争论。

在许多方面，作为一个艺术家的伟大之处是，你塑造了新的事业，所以你可以选择你想要做的。可能是赚钱，可能是制造政治观点，也可能是挑战哲学。艺术家有很多角色，不只是一个。

艺术成为震撼的同义词是很危险的。这种情况在 20 世纪 90 年代曾经持续了一段时间。那么多艺术被视为令人震惊的艺术，“震撼”成为人们去艺术展寻找的东西，实际上，艺术可以是很多不同的东西，它可以是（你和我之间）美丽的东西。

*

我曾问英国《艺术新闻报》的记者克里斯蒂娜·鲁伊斯（Cristina Ruiz），她认为艺术前沿在哪里。她说她曾在威尼斯双年展上问过老策展人杰尔马诺·切兰特 (Germano Celant) 同样的问题。

切兰特说，对他来说，艺术必须在处理某种危机或处于持续的战斗时，才能真正成为前沿，可以是从真实的战争到艾滋病（20 世纪 80 年代的纽约）或为言论自由、平等自由而战（女权主义、公民权利等）的任何事。他说，像艾未未和施林·奈沙（Shirin

Neshat）这样的艺术家在过去是最前沿的，但现在不再是了，因为“有西方的力量在他们身后”。

在艺术世界中肯定有一种感觉，作为一个西方人可能会对政治控制下的作品的可信性抱有怀疑。现代艺术世界正热烈地将非洲、南美洲和亚洲的艺术介绍给我们。我们是否有能力去欣赏它们却是另一回事：它们是由有不同历史背景、传统和价值观的人创造的，而我们熟悉的东西可能在他们的文化中的意味完全不同。

但是这种真实——有诚信、诚实、真实的观念——是所有艺术家创作时所需的品质；并且，他们应该保护这些品质。

当然，这些品质在市场上也非常有价值。波西米亚式的激进分子仍然在城市生态中很活跃。我看过它在不同的地方发生了几次。艺术家就像中产阶级化的突击部队，我们列队入场，我们也是最先走的一批：“我们喜欢这个老仓库，是的，我们需要一间便宜的工作室。”艺术家搬进廉价的住房和便宜的空间，做他们的工作，他们很酷，在嗡嗡声中启动自己的事业。然后一个小咖啡馆开张了，人们开始说：“哦，有意思，那是艺术家们聚会的地方。我会去那里。”也许一些设计师在波西米亚的光辉下开了一个精品店，开发商的黑手赶在你发现之前开始运作，租金突然开始上涨，然后该地区身价暴涨。

开发商应该提供艺术家在某个地方免费生活10年的资金。我们艺术家是一种非常珍贵的商品。或许社会应确保为人们（包括艺术家）提供大量廉价的住所和工作场所。

现在这个高档化的过程中出现了一些有趣的形式。在巴西有一个非常富有的矿业大亨，叫贝尔纳多·帕斯(Bernardo Paz)，他在丛林中建立了一个5000英亩的广阔的雕塑公园，称之为“Inhotim”（上帝）。他要求艺术家在这个戏剧性的景观中放置大型、雄心勃勃的作品，这些作品对于传统机构来说往往太大了。他现在正在建设酒店，所以有钱的游客和客人可以来参观这些作品。这是一种打了类固醇的高档化。他避开了尴尬的那种“城市——衰退——颓废”的恶性循环，直接从丛林跳到高档化。

另一个相关的趋势是艺术世界的再私有化。广播主持人菲利普·多德（Philip Dodd）最近因为认为大型商业品牌画廊白立方比泰特不列颠美术馆更重要而惹恼了观众。公共艺术机构没有那么多的钱，而且往往依赖于来自商业画廊的个人或企业的赞助或财政支持。这些关系可能导致相冲突的利益方之间的纠缠不清。

在“经验式经济”中，艺术有助于大企业渲染可靠性。作为大额资助的回报，企业想要一些商品化的艺术品，一些来自于创造性天才的危险魅力，将它们融合在企业特质中，再投入市场。当我们谈到性格和特质时，我经常认为我们在谈论的事情是无效的或不适合的。也许公司需要把看上去无用的、非理性的艺术贴在他们无情、高效的商业模式上。

正如安迪·沃霍尔总结的那样：“有些公司最近有意买我的‘光环’。”

美国美孚石油公司的一个公关人员更具挑衅性地总结：“这

些方案使我们充分被接受，这样当面对危急关头的重要问题时，我们就有能力蛮不讲理。”商业公司可以残酷地对待艺术家和美术馆的事实表现在 1984 年，美孚石油公司威胁它赞助的泰特美术馆封杀纽约艺术家汉斯·哈克 (Hans Haacke)，因为他在展览上展出的某些作品表达了对美孚石油公司政策的批判性看法。

害怕冒犯赞助商，可能导致艺术机构甚至艺术家执行自我审查。

艺术家白南准[1]说：“每个艺术家都应该咬住喂他的手，但不要太用力。”

*

白南准是一位视频艺术先驱。另一个我们发现尖端和创新的地方是科技领域。1841 年发生的一场绘画革命是约翰·兰德[2]发明了便于携带的管状颜料。突然间绘画更容易被接受了，可以脱离工作室，在那里，以前的颜料和油墨不得不被费力地研磨和混合。在新鲜空气中绘画——这是一场革新。

大约在同一时间，摄影正在加大对绘画的哲学性挑战。摄影

1 白南准（Nam June Paik，1932—2006），韩国视觉艺术家，有“视频艺术之父”之称，醉心于科技，他的跨界作品为全世界新媒体的创作开辟了道路。不管是与编舞家还是与其他视觉艺术家工作，白南准跨界创作的核心都围绕着联系与合作展开。

2 约翰·兰德（John G. Rand，1801—1873），人像画家、发明家，他首次发明了可携带的管状颜料。

可以做到艺术能做到的，那么现在的艺术是什么？管状颜料和摄影这两个发展在开启印象主义和随后对于何为艺术的质疑上起了很大的作用。

尽管作为手工制作的标志人物，像许多当代艺术家一样，我也同意用“新媒体”工作是种默认模式。我已经接受了数字技术。我在 Photoshop 上绘画，我的挂毯在计算机控制的织机上花几小时就能被编织出来。这项技术使我能够设计和做出我从未尝试过的事情。

但现在我们倾向于使用由其他人发明的技术。在过去，艺术家是技术的真正创新者，通常他们有相当强的预言能力。如果你回到和电脑时代相去甚远的 1980 年，基特·加洛韦 (Kit Galloway) 和谢里·拉比诺维茨 (Sherrie Rabinowitz) 首次发布了他们的项目《空间的洞》(*Hole-in-Space*)。他们在纽约林肯中心设立了一块视频屏幕，在洛杉矶世纪城里设立了另一块视频屏幕，在它们之间有一个连接的卫星直播，人们可以在这两个地方看到彼此并进行交谈。这是一个突袭式的事件，公众的反应是自发性的、令人着迷的——如果你在 YouTube 上搜索《空间的洞》，你可以观看到它——可以看到他们对此非常热情。艺术家称之为公共交流雕塑。在某种程度上，这里的每个人都是 Skype 的祖母诞生的见证人！

当然，在艺术中使用高科技的危险是，未来发展得太快了。我称这为“八轨时刻”。如果一个作品太依赖于技术的新颖性，

旧工业
创意中心咖啡馆

旧工业工作室
波西米亚公寓

那么当技术变得司空见惯时，图像本身就会真相毕露。我发现自己在Photoshop技术普及的情况下再看吉尔伯特和乔治[1]的复杂照片，感受完全不一样了。

我听说博物馆有时会存放一些录像机、电视或投影仪等技术早已过时的电子产品，以便在20世纪80年代的显示器出故障时，我们还能看到旧时的影像片段。技术以不可预测的方式发展。美国艺术家丹·弗莱文[2]在作品中加入了灯光和荧光灯管，这些都是从五金店买回来的——他们有时还需要手工制作这些灯管。

所以现在艺术不是领先技术，而是追随着技术，正在努力跟上。在许多方面，技术比艺术更尖端。当然，也有艺术家在以非常有趣的方式进行数字工作。两个英国艺术家——约翰·汤姆森（John Thomson）和艾莉森·克雷格黑德（Alison Craighead）——用在网上常见又泛滥的材料制造了发人深省、抒情的、十分有趣并且有干预性的作品。但我认为他们知道自己不能与谷歌地球（Google Earth）的权威性和Twitter的公信力与传播力竞争。

网络确实有惊人的潜力，实现了约瑟夫·博伊斯的预言，即每个人都是艺术家。如我们所知的那样，这可能诅咒着艺术的终结。当每个人都成为一个生产者，我们就都淹没在由数十亿股微型水流组成的海洋中。品位的仲裁者消失了。

1　吉尔伯特和乔治(Gilbert and George)，吉尔伯特·普洛西(Gilbert Prousch, 1943—)与乔治·帕斯莫尔（George Passmore，1942— ）组成的双人组行为艺术家，英国最著名的当代艺术组合之一。

2　丹·弗莱文(Dan Flavin, 1933—1996)，美国极简抽象派名家，以荧光灯管组成的艺术作品闻名于众。

但在某些情况下，这也是对艺术的认可，因为在以创意为资本的年代，能否接近艺术家变得越来越重要。艺术会改变，但总会有艺术家。但也许改变我们的生活并冲击我们的思想的文化将不会在当代艺术世界中自给自足。

对我们的生活产生革命性、破坏性影响的文化——它将改变我们的想法和运作方式——在很大程度上并不会发生，当然也不会只在当代艺术中出现。它可能发生在多个地点，在韩国的一些青少年卧室里，或在加州的一些游戏设计师的头脑风暴会议中。如果米开朗基罗生活在今天，他不会再画天花板。他会制作 CGI[1] 电影或开发 3D 打印技术。

但我在想，今天的艺术世界究竟属于什么主义。20 世纪的现代主义时代在某种程度上是宣言的时代，许多艺术运动形象地将它们的宣言钉在了艺术画廊的门口。那么也许 21 世纪是多元主义的时代，我们不会再说“一切都将关乎梦想”或“一切都将关乎喷漆”之类的话。

然后在当今的艺术世界中还有另一个主义，那就是全球主义，因为艺术世界现在是全球范围内一系列的艺术世界，包含许多不同的国家，许多新兴的场景。或者当然，整个艺术世界中庞大的、主导的事物之一是商业主义。这是一个非常强大的艺术推力。然后总有那些老生常谈但大家都很喜欢的，具有巨大力量的东西：

---

1 CGI，Computer Graphic Image，电脑三维动画。

1974：机器人艺术家　　2014：艺术机器人

裙带关系。

我不认为今天还有前卫主义。世上只有不同的层次，在不同的地方，使用不同的媒体进行实验。我们生活在这个全球化、多元化的艺术世界，大量的资金注入，而它和我们一样多元。大部分是垃圾，但是向来如此，其中有一些也确实惊人。

但是，如果我们处在艺术的最终阶段，那么我想以一个积极的笔调引用艺术哲学家阿瑟·丹托的话来做结。他说："如果在宣言的时代，是与政治上的种族清洗并行的，那么在多元化时代，我们就与一个宽容的多元文化主义的模式并行。"

相信多元艺术世界的历史现在时是某种政治到来的前兆，难道不好吗？

有些人可能会认为我这一章的结尾是令人诧异的，乃至不和谐的，因为结尾处满是真诚的嘲讽、真挚的否定和引用，以及无疑会令人厌恶的充满自尊的英国式的愤世嫉俗。我觉得这是一个很好的机会，来重温在我赢得特纳奖后的一段时间里烧灼着我的问题："你是一个可爱的人，还是一个严肃的艺术家？"幽默和恶作剧是我生命中显著的部分，但作为一个坚持了几十年的艺术家，在任何情况下要做出厚此薄彼的决断，更多需要的是动力，而不是一笑而过。我希望在下一章中谈到的话题带有更郑重和温和的感觉。

家庭
我的内心生活
速写本

我在艺术世界中找到自我

如何成为当代艺术家？

我想要提出的基本问题是，如何成为一名当代艺术家？虽然我本可以回答说“嗯，你只要说自己是艺术家，并开始搞艺术就好”，但是，我认为情况要复杂许多。我准备重点介绍成为艺术家的经历和心理学意义上的“发现自己”，即自我实现。同时，像《绿野仙踪》中的桃乐茜一样，我发现自己身在一个惊奇且美妙的世界——“艺术的世界”，这也是本章标题的另一重含义。

人们喜爱这样的想法，即认为艺术家是在子宫内就已形成的某种神奇生物，自其诞生起便天赋异禀，满腹成为艺术家的热望。毕加索也提出了一个观点，即每个孩子都是艺术家。我对这个观点的理解是，每个孩子都能从创造中获得自然无我的乐趣，而这种乐趣往往随着我们的成长消失殆尽。小时候，我们玩耍、绘画、制作，丝毫不考虑世界的看法。而当我们长大，了解了艺术的历史，明白我们的作品并不怎么好之后，我们的创作就变得越来越困难。

我不想重复艺术家深居简出、生活苦楚的陈词滥调，相反，我确实感觉到，童年往往对艺术家有着深远的影响。人类和其心灵具有不可思议的能力，可以将生活中历经的伤痛转化为积极的事物。这种神奇的生存机制常常将最为悲伤的残酷转化为可向世人吐露的杰作。

临床神经科学家雷蒙德·塔利斯（Raymond Tallis）曾说："艺术表达人的普遍伤痛——在有限的生命中无法获得完整价值的伤痛。"我喜欢这样的观点：我们正在进行的是一段非常伟大的旅程。

当然，并非每个艺术家都有惨痛的成长经历。我知道有许多艺术家生活非常幸福——尽管他们中许多人我都没有见过——在他们的成长过程中从未经历过可怕的事情。但是，我认为，大多数艺术家都可以从自己的过往中找出一个困难事件，在自己早年的某段生活中找出一个关键主题，他们可以将自己成为艺术家的原因神化。

最著名的例子可能是约瑟夫·博伊斯，20 世纪中期的德国艺术家。他曾经是第二次世界大战东部战线的一名斯图卡式俯冲轰炸机的炮手，并在克里米亚地区被击落。他说，他们的飞机坠毁了，而他本人从飞机残骸中被抛出，随后被鞑靼部落的人从雪中救出，他们为他的伤口涂上油脂，用毛毡毯为他包裹保暖。这些鞑靼人保住了他的命，并最终将他送往医院。约瑟夫·博伊斯说，这就是他创作的雕像中使用油脂和毛毡作为标志性材料的原因，也是他对鞑靼人的宗教——萨满教——着迷的原因。

我的标志性材料是黏土，因此我的个人艺术故事从我 9 岁时在学校制作的第一个陶罐开始。我当时在班上可能有点淘气，被安排到和女孩一组(你可以想象这会有什么结果)。为了制作陶器，我必须穿着通过后背揿钮系紧的 PVC（聚氯乙烯）工作服。我的工作服有点紧，浅蓝色，非常亮。女孩组的教学助理很漂亮，她帮我扣上背后的揿钮。我还记得当时的感受，这幅景象让我在高涨的情绪中完成了生平第一个简单的陶器。在 1969 年的某个下午，各种感受一齐迸发，也许正是它们铺就了我后来的艺术道路。

现在，我不想将我的艺术形式同童年的相关经历严格地联系起来，并以此夸大这件事的影响，比如，为什么我总是制作绘有性意象的陶器。或许，我和约瑟夫·博伊斯一样，扭曲了事实，神话化了自己的过往，以契合后来的艺术作品。因为，约瑟夫·博伊斯所说的故事与实际情况有很大的差别。显然，他确实坠机了，但是他的营救过程中并没有鞑靼人、油脂或毛毡。然而，我的故事是真实的。

但是，当你长大后，艺术就变成了严肃的游戏。当我还是孩子时，我有一个巨大的、精致的异想世界。在那个世界里，泰迪熊是国王。那儿，也是我的庇护所。那个精心制作的世界是我在童年时代所有可怕的时刻所逃亡并且幸存的地方。

实际上，艺术和游戏一样，所具有的最为严肃的目的之一是帮助孩子应对他们在生活中遇到的困难。

2013 年，我访问了一个叫作“艺术屋”的了不起的慈善团体。他们向特困学校的学生提供设备和人员齐全的艺术屋作为避难所。在那里，孩子们可以窥见自己的创造力，反思自己生活的混乱状态，但又不被这种混乱所折磨。那里的老师都是经过训练的心理咨询师，他们会帮助孩子。老师、艺术屋和艺术创作一起为孩子提供一个安全的避难所。

我喜欢“艺术屋”，因为它似乎肯定了我从艺术创作中获得治愈的切身体会。我被他们的实用方法所打动。他们鼓励孩子们制作结实、不会被扔掉的作品，不像绘画只能被贴在家里的冰箱上。他们会找到一些旧家具，要求孩子们装饰它们，然后带回家。当孩子将装饰好的凳子或灯罩带回仅有极少家具或光秃灯泡的家时，这必然会给他们一种激励和自主的感觉，他们开始一点一点地改变世界。因为艺术课程的基本作用并不是作为一种资产，也不一定是城市再生的催化剂。艺术最重要的作用是创造意义。

对于年轻人来说，这是一个非常微妙的过程。在他们创造艺术的同时，他们的艺术价值、他们所传达的信息，以及他们所表达的感受，都渐隐在低调神秘的活动中。我确信，我的艺术老师是在看到我无意识的涂鸦后，才建议我去报考艺术学校的。他注意到我在艺术中流露的自我表达远超过我对于语言令人尴尬和稚嫩的掌握。

艺术不是生活中某种乐趣的附属品。回到冰河世纪，当时的艺术家即使受到饥饿、寒冷和捕食者的持续威胁，仍然会坚持绘画。他们花费无数的时间来作画，想要表达自己的欲望非常强烈。

如果没有这种同样诅咒年轻人与艺术世界的自我意识，我们都有的这种创造欲望，这种需求，就会遭遇问题。

*

界外艺术家可能没有像其他艺术家那样，受到自我意识的折磨。还是一个少年时，我曾很爱界外艺术。界外艺术是指那些没有上过艺术学校、对于艺术世界或市场所知寥寥的门外汉做出的艺术。他们是一群自发创作的艺术家，通常只为自己创作。他们对艺术史的参考或对现今的潮流了解甚少。当然，他们很少有自我意识。或许他们甚至从不为外人创作；他们作品的观众只有他们自己，从不示人。

亨利·达戈（Henry Darger）是最负盛名的界外艺术家。他生于 1892 年，卒于 1973 年。经历悲惨的童年时期后，他成为芝加哥医院的门卫。在他的余生中，在自己租住的小公寓里将空暇时间花在了数百幅大型绘画和十英尺或更长的拼贴画上，从未将这些作品示人。直到他逝世后，这些作品才见天日。他写下了 19000 页的小说，名为《栖居在不真实的王国中》（*In the Realms of the Unreal*），这些绘画都是小说的插图。这些绘画描述了一个虚幻的世界，里面有冲突、虐待儿童和暴雨天。达戈将其早年遭受的不公和伤害融入其中。故事里有七位公主，整个故事交织着儿童奴役、美国内战和天主教教义。他对暴风雨深深着

“我们鼓励佐伊来装饰冰箱。”

迷。当他的作品被发现后，研究者们发现他非常着迷创作，不惜花光大部分自己干门卫赚来的微薄收入，以收集杂志上的照片插图作为描红的底稿，因为他觉得自己不会画画。

我觉得这让人十分感动：在 Photoshop 出现之前，他就已经开始了这种煞费苦心的图片加工，因为他认为自己不擅于绘画。他的油画现在售价数百万美元，但他没能活到那一天。虽然如此，我认为艺术给了他一样东西，即异常丰富的人生。

美术老师在我的作品中发现隐藏的情感后，我决定成为艺术家，那时我大约16岁。我在一本书的插图页上记下了我的决心——“我要成为艺术家”，并将它折叠起来，就像藏在了我虚构的床垫下面。从此，我再也没有将它取出来，重新查验过。

但讽刺的是，几乎在我决定成为艺术家的同时，我失去了玩的能力。我还记得那天：我意识到自己正一个人待在哥哥的一箱玩具汽车旁，而我曾经可以失去自我，花费数小时的时光低声创作汽车竞赛和混斗的故事。但是，在那一天，当我拿起一辆小汽车，我意识到，我不会再失去自我（注意这个表达，“失去自我”）。自我意识悄悄潜入，尴尬的阴影压过来，如同“西方的坏女巫”在我的想象世界里穿过一般。为了解读毕加索，我花了四年时间，让自己画得有点像拉斐尔。但是，我要花一生的时间去重新获得童年玩乐高积木时的自由快乐。乐高积木的声音像是儿童积极思考、寻求正确方式时的噪声。摇一摇它，这几乎就是以听觉为形式的创造。

卡尔·安德烈 第八代！
我们并不都是天生的艺术家！

我想要成为一名艺术家，因为年轻时我热爱绘画。但是我不清楚，我是否真正了解当代艺术家在做什么。我还没有去过几个美术馆或类似的场所。

最近，一位朋友向我讲述了她在白教堂艺术画廊的一个教育项目中遇到的孩子。项目开始时，她问孩子："你们知道当代艺术家是做什么的吗？"有个特别的孩子表现得相当早熟，举起自己的手，说道："他们坐在星巴克，吃有机色拉。"我猜想这是对一个城市中许多时尚艺术家行为的准确判断。课程结束时，在花了一些时间了解了当代艺术家后，我的朋友再次问他们："你们现在知道艺术家是做什么的了吗？"同一个孩子说："他们留意事物。"我当时觉得这太棒了，这正是对艺术家工作的简单明了的定义。我的工作是去留意其他人没有留意到的东西。

哲学作家阿兰·德波顿在他的书《普鲁斯特如何改变你的生活》（*How Proust Can Change Your Life*）中，描述了人们（文学的游客）如何寻找普鲁斯特在杰作《追忆似水年华》中虚构的贡布雷（Combray）村。普鲁斯特反复强调，人们弄错了，如果人们想要向他们的英雄表达真正的敬意，他们应该按照普鲁斯特的眼光来看待自己的世界，而不是按照自己的眼光来看普鲁斯特的世界。

艺术家的工作就是生产新的陈词滥调。

但是，成为一名艺术家的关键并不仅是降低对冲动的控制能力或放任自己，或无意识地让表达人性的欲望燃烧起来。在某些时刻，这种欲望需要通道。去艺术学院学习是开始艺术生涯的少数固定阶梯之一，而艺术生涯更像是爬杆取物。当然，不用去艺术学院也可以成为艺术家，典型的例子即界外艺术家。如果你没有上学，想要成为职业艺术家并非不可能，但是非常困难。

当然，许多人可能会说，艺术创作不是职业。但是，在许多方面，我们在把自己定义为当代艺术家时，我们说的是，“我将艺术创作当作自己的职业”，因为现在对于我来说，未接受正规教育的天才这样的说法是非常古怪的，在西方世界尤为如此。可能在当代艺术发展过程中的许多国家存在尚未被发掘的天才。而在西方，一个突然出现并杰出的当代艺术家从未在艺术学院就读，这似乎让人感到奇怪，并且听起来有点天真。

麻烦但具有挑战性的事是，决心获得艺术教育就等于要参加自我意识方面的高级课程。讽刺的是，表达的天敌也正是人们想要将他们的作品展示在艺术世界中这种扭曲需求。两百年前，画家约翰·康斯特布尔[1]曾说：“这些自学成才的艺术家都受教于非常无知的人。”

所以，当我跟我的母亲说“我要去上艺术学院”时，我得到的是一般工薪家庭常有的回应，即“这不是一份合适的工作”。而我的母亲在许多方面都是对的。

《2011 年高等教育报告书》（*The Returns of Higher Education*

---

1 约翰·康斯特布尔（John Constable，1776—1837），英国著名风景画家。

2011）第31页的“创新与技能报告”中，有一个堆叠图显示了艺术的凋敝。提及此，我感觉很糟糕，但是我们不得不面对这样的情况。与完全没有接受过大学教育的人相比，艺术类学生的平均工资仅仅高出6.3%。同时性别差异也非常明显：女性艺术类学生比未接受大学教育的人的收入高出11.7%；而男性艺术类学生则低了1%！

对于个人来说，很明显，如果想要一个有保障的谋生手段，你不会去艺术学院。许多年轻人敢于冒负债和失望的风险，因为他们有着对艺术的信仰，这个事实使我感到非常振奋。即使冷冰冰的统计数据直接告诉他们，选择艺术可能意味着永远贫穷，他们仍然坚持前行。我认为，这就是爱，这就是美好的事情。

我最近同一群优秀的艺术学生聊过，从根本上说，我认为他们选择艺术学校的原因跟我类似。我听到他们也对自己是谁、想要什么、发现自己、对自由的渴望，以及知道要做什么的渴望上存有着同样的不确定性。他们中的大多数人仍然在制作“东西”，但是他们要面对更多压倒性的问题，比如，现在有太多的艺术家、美术馆、可能性、影响和技术。一个小伙子说，不管他想到什么样的点子，当他用谷歌搜索时，都会发现世界上某个地方的其他人已经做过了。

艺术院校之外的艺术领域可能隐藏着地球上最污秽的物品，因为它们不仅仅是丑陋的物品，而且是试图成为艺术的丑陋物品。对艺术院校的逃避就像梦想碎片的大杂烩。

但是，这就是艺术学院应当有的样子！艺术学院是一个试验场所，具有独一无二的自由的地方。自由通常指自由地犯错。创造力很大一部分是制造错误，然后注意到错误中好的部分。艺术评论家马丁·盖福德（Martin Gayford）写道："错误之于艺术的重要性不亚于其之于学识或真理的重要性。例如，文艺复兴就是建立在对古典时期的错误理解之上的。19世纪的大部分艺术都源于对中世纪（和文艺复兴）的错误评价。毕加索并不理解他创作《亚维农的少女》的原材料的非洲雕刻的意义。"

艺术史就是全球版的古老儿童游戏——传话游戏。

这是它迷人、绝妙的地方——人们对此有所误解——这便是创造最为重要的部分，尽管所面对的错误也可能变成惨痛的教训。

要浓缩地总结一个人在艺术院校学到最关键的事情是非常难的。我认为最重要的事情正被暴露于某种敏感之中，那种一名艺术家所应有的敏感。你们是波西米亚培训生，你们与同伴们一起前行，且有设施和导师的支持。这种与同类同行的感觉是非常重要的，也是最打动我的东西。在这本书中，我嘲笑了自大，调侃了艺术世界的矛盾性，而这就像嘲弄一位亲密的朋友一样，因为在现实中，当我进入艺术世界时，更多的感觉像是来到了美国堪萨斯州，而不是《绿野仙踪》里的奥兹国。

对于感到与其家庭或更广范围的社会格格不入的年轻人来说，进入包罗万象的艺术学院是一次意义深远的经历。接受和容忍他们的差异和想象力是非常重要的。在艺术学院的经历非常微妙，因为你获得的是对艺术和成为艺术家意味着什么的亲身体会。

学习一门技艺也是一件非常开心的事情，因为只要你学习，就会开始沉迷其中。当我学习一门新的技艺时，我的想象力便开始扩展。学习技巧的确是非常重要的；你对技巧的掌握越熟练，你就能更自信更流畅。我喜欢“轻松而流畅”这一观点，当你入门并练习了1万小时后，你就会变得非常有技巧。这个技巧可以是传统的技巧，也可以是擅长在市区泊车或者是通过Twitter呼朋唤友的技巧。

最后，学生们希望自己能够是独一无二的。但是，正如一句老话，原创属于那些健忘的人。

当然，原创确实存在，同它相遇是任何有志于艺术的人最美好的体验之一。但是顶级的艺术家也需要很长时间才能找到自己的声音。毕竟，艺术生涯是一场马拉松，而不是短跑。

我认为芬兰摄影家阿诺·闵奇恩（Arno Minkkinen）对于这个过程的描述最为贴切。他在2004年提出了“赫尔辛基公交站理论”。他指出，当你离开艺术学院，选择了自己的风格和要走的艺术道路之后的过程就像进入赫尔辛基公交站。这里有大约20个公交站台，每个站台有大约10辆公交车，你选择登上其中的一辆。每一站就是你职业生涯中的一年。在经过大约3个站台后，你下车，走进画廊向人们展示你的作品，人们欣赏你的作品，并赞叹：“非常好，非常好。虽然有点像马丁·帕尔。”然后，你走开，心想：“唉，我不是原创的，我不是独一无二的。”你感

艺术学校

输得好看点：财富；自由；找到自己；独创能力；性与毒品以及摇滚；美；名声

到自己走到了一个十字路口。于是，你乘出租车返回原来的公交站台，换了一辆公交车。当然，你还是会有同样的遭遇。而从一开始你要做的就是，按照阿诺·闵奇恩的说法，待在那辆该死的公交车上！

我觉得这是对该过程的绝佳描述。你知道公交路线的前 10 个站台都是一样的。大多数艺术家在他们职业生涯的前 10 年都受到某些东西的影响。原创需要时间，在职业中的创新需要时间。我在 38 岁之前没有赚到什么钱，因此，我在正式出发前，等待了很长一段时间。

[我毕业时的绩点是 2.1。这个没有任何人问过。我从朴茨茅斯工艺学校（Portsmouth Polytechnic）毕业。曾经有一位电台记者非常淘气地问到，朴茨茅斯工艺学校是不是代表着我个性中女性的那一面。]

在我毕业时，同大多数人一样，我立即申请了硕士。我非常害怕成为这个世上又一个身无所长的艺术家。我选择切尔西艺术学院，攻读硕士学位。但我被拒绝了，因为我提到自己"身上艺术家的气息过多，学生气太少"。

离开接受多年教育的艺术学院，对于一个年轻的艺术家来说，可能是最为困难的时期。忽然，你必须独自面对整个世界，没有保障、没有方向，同时背负大量债务。这对于毕业生和他们的父母来说（尤其是父母对自己的孩子要进入的世界所知甚少时）都是焦虑的时刻。当我看到父母对自己的职业不知所措，试图在毕业展上理解自己的孩子小比利或小吉莉三年里做了什么，他们到底如何通过在扶手上绕线、制作硬纸板战舰或拍影子的视频谋生时，我也感到些许的酸楚。

作为一个年轻艺术家或设计师，我的确认为你必须抓住任何机会。如果有人为你提供小型的展览或团体展出，或者其他小小的机会，你都要抓住它。你得抓住这些小机会，因为世事难料。你所知道的每一位成功的艺术家在他们的事业之初，很可能都参加过非常微不足道的活动，但是这些活动让他们认识更多的人，这样一次又一次地重复下去。我曾经举办一个展览，有个来自博物馆的人以非常便宜的价格买下了我的一幅画。这幅画被放到了地下室，直到有一天，他们举办展览时，馆长发现了它。随后我获得了更大展览的机会，一切就这样开始了。

同时，你必须让自己具有创造力，允许自己做一些荒诞的事情。我最喜欢的关于创造力的说法引自罗伯特·波西格（Robert Pirsig）的《禅与摩托车维修艺术》（*Zen and the Art of Motocycle Maintenance*）。他说到，想法就像发育不全的毛茸茸的生物，你必须对它们最初的样子宽容。因为你的荒诞想法可能会突然成为你未来十年赚大钱的工作。人们会说："天哪，对这次展览我必须有一些重要的想法。"我不知道这样是不是正确的。我的技巧是，例如，边喝啤酒边看《X音素》，然后拿出我的毡笔。

*

作为学生和成为艺术家之间有一个界限，我不清楚这个界限是什么，我认为这跟身份认同有关。在一些聚会上，有人会问你是做什么的，而你会回答："我是一名艺术家。"你需要鼓起勇气将它说出来。你可能对这样的回答没有十足的信心，但是自此你已经越过了那条界限，开启了一条冒险的道路。此时，我可能是无知者无畏。我感觉成为艺术家是一件高尚的事情，就像是通往价值的道路上的朝圣者。这也是我最自豪的展览的核心主题。这场在大英博物馆举行的展览名为"无名工匠的坟墓"（The Tomb of the Unknown Craftsman）。

我一直将我与画廊主萨迪·科尔斯（Sadie Coles）多年前的对话记在心里。我问她："你希望艺术家将什么带入画廊？"她回答道："承诺！承诺做一名艺术家！"

我所认识的大部分艺术家都是非常自律的。他们准时露面，他们为工作投入时间。那种认为艺术家生活混乱和浮躁的想法是不切实际的。艺术家是实干家！他们不想"做艺术家"，他们想要"制造艺术"，他们喜欢制造艺术。就像我经常说的，这让我想起克尔凯郭尔[1]的话："在旧时他们喜欢智慧，如今他们喜欢'哲

1 索伦·克尔凯郭尔（Soren Kierkegaard，1813—1855），丹麦宗教哲学心理学家、诗人，现代存在主义哲学的创始人，后现代主义的先驱，也是现代人本心理学的先驱。他的思想成为存在主义的理论根据之一，一般被视为存在主义之父。

人’的头衔。”

但是，随着我在20世纪80~90年代声名鹊起，我的收入超过了预期，我当时想：“我的收入已经超过了一个熟练工的工资。”我开始幻想“无论如何总有人买单”的状态。我患过我现在称为“毕加索餐巾综合征”的“病”，那是一种艺术家的传奇能力：单靠在餐桌布上作画就能支付昂贵的餐费。这是“点石成金”的一个版本：我所有的涂鸦，甚至签名都有经济价值。这是对艺术家的带点危险的赐福，许多人都在滥用它，大量炮制自己的签名以满足收藏者的需求，其诱惑非常之大。你的每个签名都值钱！有些艺术家，如安迪·沃霍尔，就有点石成金的魔力。他签一美元的账单，然后这张账单就价值一百美元。现在它们价值数千美元！

马塞尔·杜尚说：“我可以在10年时间里轻松地做出成百上千的现成品，它们都是赝品。大量的生产只能造成平庸。”

现在，我们都在自己的艺术生涯中追求了多年，还能够保持那份激情、挚爱、儿童般创作激情的闪光。人们可能会想，我认为成为艺术家非常容易甚至是轻松的。在聚会上，人们问我：“你是做什么的？”我说：“哦，我是个艺术家 。”他们回应：“那一定非常有趣！雕刻、陶器。一定非常有趣！”“想象一下，”我说，“你知道的，大博物馆。他们给你展览的机会，给你提供大的展览室放置你的作品。在一年或两年的时间里，我必须将这个大的展览室用作品填满。然后人们前来观看，可能会有成千上万人，所有的媒体也会来报道。然后我要将这些作品卖掉。我的

艺术家行动特征

包括：恶作剧头盔、滑稽护甲、玉制讽刺盾牌和玩世不恭剑

附带：创意能量球！！

收入取决于某些人的反响。不仅仅是我的收入，或许它还决定几个其他人的收入，例如我的助手们和画廊工作人员。然后最重要的是，我需要像个小孩一样，无忧无虑地欢快创作！这听起来还像是纯粹的趣味吗？”艺术，它是一门严肃的生意！

*

在我的艺术生涯中，打倒拦路虎是最开心的事情。不管怎样，我确实已经找到了自我。

所有的艺术家都用自己的方式找到了储存创造能量的水晶球。他们在被攻击中呵护这种创造能量，得以成长为一名艺术家。这是许多包括我在内的艺术家都难以言说的脆弱之物，因为我们在艺术世界的空气中挪动，这个世界对于一个人精美的创造力源泉机体来说是苛刻的，它具有腐蚀性。我以厌倦的讽刺做外壳、恶作剧做头盔、滑稽做铠甲，保护着我的创造能量水晶球。我刻意展示自己的愤世嫉俗。因为让我年复一年、无怨无悔的那部分自我太过脆弱，无法完全承受这世界的审视。

我有个禁忌词表，其中包括“热情的”“精神的”和“深刻的”。它们都被轻易用于描述让我继续从事艺术的动力。但是，动机非常脆弱，它需要悉心保护，免受陈腐事物的影响。（我对陈词滥调尤为反感，因为我的母亲同送奶工人私奔了。）

我曾经遇见一名叫作珍妮弗·亚内（Jennifer Yane）的女人。

“很荣幸你支援我们变性人支持组织的筹款。”

我不知道她是谁，但是她对我说了这样的话。她说：“艺术就是精神上的变装。”

我不会这样说，但它在某种程度上描述了当你看艺术时你看到的东西。它是通往灵性的一种秘密行动，隐藏在所有的颜色里和对艺术的热爱之中。我们看着它，然后突然有了一个触动灵魂的时刻。但是，就像我说的，我无法诉说……

这个比喻非常贴切地描述了我作为艺术家的实践经验，像一个我可以独自前往的内心避难所，我可以构造这个世界，将之变得丰富。它是一个可以让我迷失的内在居所。

精神分析学家斯蒂芬·格罗斯（Stephen Grosz）描写了一位患者，他总是谈论自己准备在法国修建和修整的房屋，谈论这是一个如何有吸引力和令人享受的计划，总是想着如何装修它，如何布置家具。当生活太过难受时，他总是会返回内心的房屋。对于他来说，想到这些不可思议的法国房屋计划让他感觉十分放松。在他的心理治疗快要结束时，他转过身，说道：“格罗斯先生，你是知道并没有所谓的法国房子的，对吗？”

我捧腹大笑，因为这个故事就是我内心的回声：他要去的地方是他的避难所，他的避难所是他成为艺术家的地方。

结语

思考这些问题让我获得了极大的快乐，它们反映了我数十年来在艺术世界中所获得的巨大快乐。在某种程度上，这本书是我给艺术世界的情书。如果我一直调侃（霸凌）艺术世界，那是因为我知道艺术世界可以经受调侃，事实上，它鼓励人们去调侃。我的任何调侃并没有阻止伟大的艺术变得异常惊艳。我常常庆幸自己的工作是义不容辞地去追求美、发现美。同时，我也感激自己从事的职业没有像音乐、文学或新闻那样，由于互联网而发生巨大的经济和技术上的变革。事实上，在数字时代，人们看起来更喜欢参观画廊，在现场观看实在的、独一无二的物品（当然，他们会自拍，然后上传到 Twitter）；同时，比以往出现了更多的艺术家、代理商、收藏家及策展人。

我从事创作有很大一部分动机是想要传递我在观察世界和创作作品时所感受到的刺激和愉悦。如果我让你想要再 ·次领略“艺

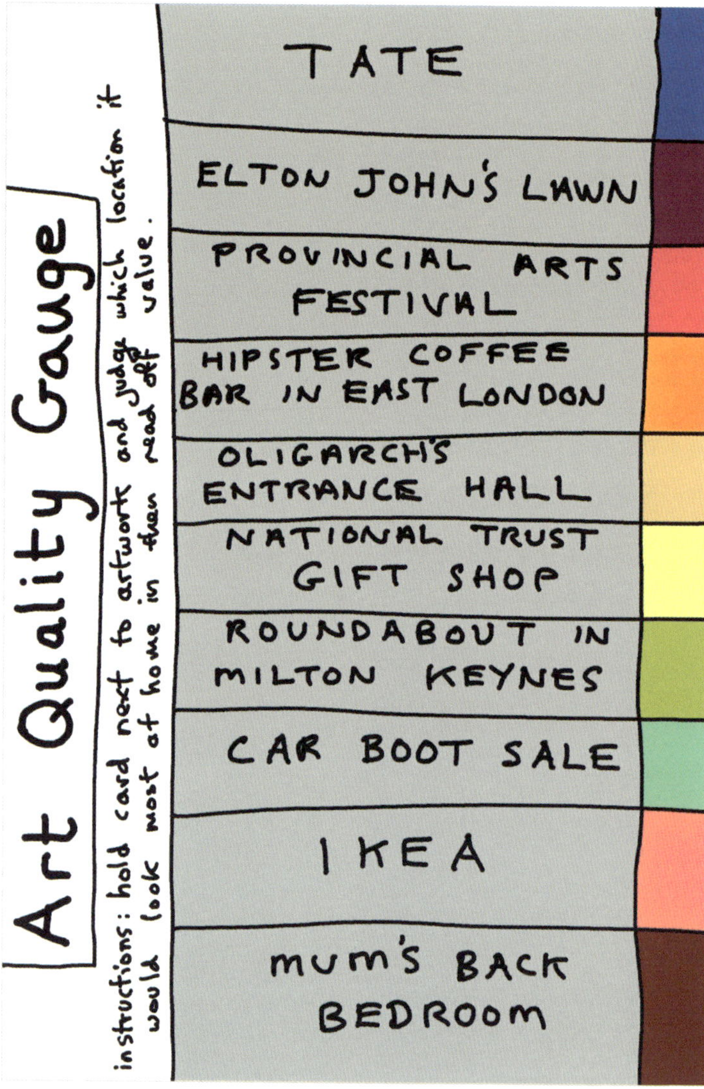
Art Quality Gauge
instructions: hold card next to artwork and judge which location it would look most at home in then read off value.
TATE
ELTON JOHN'S LAWN
PROVINCIAL ARTS FESTIVAL
HIPSTER COFFEE BAR IN EAST LONDON
OLIGARCH'S ENTRANCE HALL
NATIONAL TRUST GIFT SHOP
ROUNDABOUT IN MILTON KEYNES
CAR BOOT SALE
IKEA
mum's BACK BEDROOM

术语境”，我会欣喜若狂。如果你仍然不确定在面对一件当代艺术品时该如何反应，尝试一下我经常用到的思想练习。想象如果一个顾客带来的艺术品在一个世纪后，在22世纪版本的“古董路演”上被欣赏，将会有怎样的对话。为了我试一试吧！

好了，我们到本书的结尾了。我已经尝试回答有关艺术世界的基本、突出的问题。我虽然没有暴露一些小把戏，就像拉上《绿野仙踪》的幕布一样，但是，我想人们一定会被这些事物吸引。这本书一定会启发人们像《绿野仙踪》里的稻草人、铁皮人和狮子那样，更加机智、勇敢和充满希望地进入艺术世界的“翡翠城”。

感谢你们随我来到这里。

（左页）
（竖排由左至右）
艺术质量标尺：
用法说明：将卡片置于艺术品边，判断它最精通的部分，读取价值。

（横排由上至下）
泰特　埃尔顿·约翰的草坪　省级艺术节　东伦敦的时髦咖啡吧　政治寡头的门厅　国家信托礼品店　米尔顿·凯恩斯的回旋处　汽车行李箱卖场　宜家　妈妈的卧室

致谢

格威妮丝·威廉斯

休·莱文森

吉姆·弗兰克

莫希特·巴卡亚

休·劳利

萨拉·桑顿博士

查理·盖尔教授

米克·芬奇与伦敦中央圣马丁学院的其他美术学生

卡伦·赖特

马丁·盖福德

波莉·罗宾森·盖尔

路易莎·巴克

汉斯·乌尔里克·奥布里斯特

马丁·帕尔

杰克·德鲁

卡罗丽娜·萨顿

维多利亚·米罗画廊

Thanks

Gwyneth Williams

Hugh Levinson

Jim Frank

Mohit Bakaya

Sue Lawley

Dr Sarah Thornton

Prof Charlie Gere

Mick Finch and fine Art Students at Central Saint Martin's

Karen Wright

Martin Gayford

Polly Robinson Gaer

Louisa Buck

Hans Ulrich Obrist

Martin Parr

Jaquie Drewe

Karolina Sutton

The Victoria Miro Gallery

译后记

在英国要想忽略格雷森·佩里并不是一件容易的事，你打开电视有可能在BBC看到他在脱口秀中，语速飞快地调侃着时事，或者在BBC四频道广播里妙语连珠，你可以在他展览的开幕式上见到他被众星捧月似的簇拥着，也可以在马路上见到他骑着自行车，然后鄙夷地问“你怎么没穿裙子？”——穿女装是他的个性标志，已经广为人知。我也在伦敦艺术大学毕业生秀场和展览上常常见到他以名誉校长的身份来跟学生们互动。

佩里思路清晰、精力旺盛，比我见过的任何一个英国艺术家都活跃，时常跨界，颇受欢迎，也频繁更新社交媒体上的内容。更重要的是，他是英国当代艺术界的一名势不可挡的艺术家。

他的作品和本人都非常本地化，在传统与禁忌之间穿梭，英国以外的观众和读者需要花一点时间来理解他，因此很难把格雷森·佩里定义为纯粹的艺术家。当我们想到他的时候，我们会想到异装癖、陶器、泰迪熊、典型的英国人，这些都跟他的成长经历密不可分。他出生在英国东南部的埃塞克斯郡，生父暴力，母亲改嫁，他守着一只泰迪熊度过悲惨童年，热衷穿女装，是怀有女性主义的异装癖者，被父母嫌弃，同时又喜欢骑摩托车、自行车，读艺术院校，并发现从事艺术是他自我觉醒的方式。如今他住在伦敦，婚姻幸福，妻子是位心理治疗师，有一个女儿。

佩里的作品里具有一种自传式的叙事手法，最显著的载体就是他的装饰性陶瓷器皿和挂毯，也有装置、绘画、雕塑。他在罐子上使用意象和文本来记录社会问题，也许是因为这种媒介更接近于手工制作，这也是当代艺术不再推崇的东西。他被问到很多关于手艺和艺术之间异同的问题，他对古典艺术有一种难以割舍的情怀，认为手艺是与古典艺术相联系的，手艺可以继承，而艺术则是更私人的东西。

这本书正是格雷森·佩里表达自己对当代艺术的看法和对那些质疑者的回应。当代艺术比任何一个时代的艺术更接近大众，博物馆、画廊、双年展、大街上……艺术随处可见，它不再属于神坛、不再属于庙宇、不再属于权贵，可也比任何一个时代更受到非议。如果过去的艺术圈是一个艺术家和收藏家、评论家之间的闭环的话，如今它更面向大众，也更需要大众的参与。太多人表示看不懂，质疑当代艺术故弄玄虚，甚至装神弄鬼，骗富人们和收藏家的钱财。

他管这本书叫作“哗众取宠”，并非贬义，这本书里所说的艺术并非要拍学术精英们的马屁，艺术可以取悦大众，甚至勾引大众走进画廊。

一百年前，当马塞尔·杜尚把从五金店随意买来的陶瓷小便池送去展览现场，500名专家投票“杜尚的小便池打败了毕加索”，一个当代艺术新时代到来，那就是，任何事物都可以成为艺术品。约瑟夫·博伊斯紧随其后提出著名的言论，“人人都是艺术家”。

艺术史学家贡布里希之后指出："实际上没有艺术这种东西，只有艺术家而已。"意味着艺术和艺术家的关系不再是"创造"，而是"指认"，就像杜尚指认了那个他买来的小便池。格雷森·佩里传承此衣钵，坚信任何人都有资格享受艺术或成为艺术家。他是民主的彻底执行者，他甚至让粉丝们在自己的社交媒体上投票：我的罐子该选哪种颜色？今晚晚饭我该吃什么？

即便我们相信艺术有很高的价值，仍旧会在画廊里头晕目眩，会在很多时刻产生怀疑。在这本书里，格雷森·佩里用作为艺术家和观众的双重视角，试图解开谜团，回答一些人人都可能在讨论艺术时遇到的尴尬问题。例如："什么才是艺术？""如何成为一名艺术家？""什么是好艺术？什么是坏艺术？""艺术还能捕获我们的心或让我们震撼吗？""如果把艺术装进垃圾袋里会发生什么？"对待诸如此类的问题，他态度诚恳，对知识和见解的给予非常慷慨，他承认自己面对日常物品成为艺术的今天，也会搞不清一些东西究竟是不是艺术，他是艺术圈里说真话的行家，也是难得不故作高深的艺术家。

很多时候，艺术家一旦过多谈论自己和艺术，就会或多或少失去神秘感和魅力。我相信格雷森·佩里是一个很自信的人，他玩世不恭地调侃自己和艺术，让艺术更贴近大众。他的作风一贯风趣幽默，但也没忘用他所观察到的哲学和实践联系当今的艺术世界，他用自己的方式抨击当代艺术中的怪癖、弱点，深刻而有趣。

当格雷森·佩里在 2003 年赢得特纳奖时，一位记者问他："你是一个可爱的人，还是一个严肃的艺术家？”他回答道：“我不能两者都是吗？”这就是他从那以后一直在做的事情，身份很多，但越来越多地成为另一个角色——文化教育工作者。

我很幸运成为一名中央圣马丁艺术与设计学院的学生，可以有机会听到格雷森·佩里的讲座，欣赏他的作品，与他有过几次简短的对话，并由他颁发毕业证书。通过观察我敢说，他是一位非常有魅力的艺术家，并且是一名当代艺术的完美向导。

这不是一本枯燥的艺术教科书，佩里用艺术家的眼光来描述艺术，又从观察者的角度去探索意义，全书内容既饱含经验和天赋，也富有人们常常误以为无法在艺术世界中找到的东西——逻辑。在文学世界中，有一类由作家参与写就的经典通俗理论作品，比如斯特伦克和怀特合著的《风格的要素》、布鲁克斯和沃伦合著的《理解小说》，堪称文学圣经，概因结合了才华与逻辑。我不能说这本书也在同样等级，但它也属于同一类型。如果你还在当代艺术的迷宫里理不出头绪，不妨看一下佩里的条分缕析，兴许会得到答案。他的初衷很简单，你不需要通过任何东西来崇拜艺术，你可以变得更大胆、更敏感也更享受。对于艺术，知道得越多，你就会越喜欢它。

艺术不像烹饪，它是一种深刻的思考，格雷森·佩里把艺术之宴带给大众。

祝小兔

2017 年 7 月于伦敦

图书在版编目（CIP）数据

哗众取宠 / (英) 格雷森·佩里著；祝小兔译. --
长沙：湖南美术出版社, 2018.6
ISBN 978-7-5356-7341-1

Ⅰ. ①哗… Ⅱ. ①格… ②祝… Ⅲ. ①艺术理论 - 文集
Ⅳ. ①J0-53

中国版本图书馆CIP数据核字(2018)第066923号

哗众取宠
HUAZHONG QUCHONG

[英] 格雷森·佩里 著　祝小兔 译

出版人	黄　啸
出品人	陈　垦
责任编辑	张抱朴
责任印制	王　磊
装帧设计	张　苗
出版发行	湖南美术出版社 （长沙市东二环一段622号）
网　址	www.arts-press.com
经　销	湖南省新华书店
印　刷	恒美印务（广州）有限公司
开　本	880mm×1230mm　1/32
印　张	4.5
字　数	50 千
版　次	2018年6月第1版
印　次	2019年11月第2次印刷
书　号	ISBN 978-7-5356-7341-1
定　价	59.00元

（如有印装质量问题，请与本社出版科联系。联系电话：021-60455819）